郝彩缤
主编

建筑企业
项目合同履约风险防范管理手册

法律出版社
LAW PRESS·CHINA
北京

图书在版编目（CIP）数据

建筑企业项目合同履约风险防范管理手册 / 郝彩缤主编. -- 北京 : 法律出版社, 2025. -- ISBN 978 - 7 - 5244 - 0342 - 5

Ⅰ. D923.65

中国国家版本馆 CIP 数据核字第 2025DR6729 号

建筑企业项目合同履约风险防范管理手册
JIANZHU QIYE XIANGMU HETONG LÜYUE FENGXIAN FANGFAN GUANLI SHOUCE

郝彩缤 主编

策划编辑 任 娜
责任编辑 任 娜
装帧设计 李 瞻

出版发行 法律出版社
编辑统筹 法治与经济出版分社
责任校对 晁明慧 张翼羽
责任印制 吕亚莉
经　　销 新华书店

开本 A5
印张 10.375 **字数** 287 千
版本 2025 年 8 月第 1 版
印次 2025 年 8 月第 1 次印刷
印刷 固安华明印业有限公司

地址:北京市丰台区莲花池西里 7 号(100073)
网址:www.lawpress.com.cn
投稿邮箱:info@lawpress.com.cn
举报盗版邮箱:jbwq@lawpress.com.cn
销售电话:010 - 83938349
客服电话:010 - 83938350
咨询电话:010 - 63939796

书号:ISBN 978 - 7 - 5244 - 0342 - 5
定价:68.00 元

凡购买本社图书,如有印装错误,我社负责退换。电话:010 - 83938349

前　言

“立善法于天下，则天下治；立善法于一国，则一国治。”以习近平同志为核心的党中央对全面依法治国高度重视，从关系党和国家长治久安的战略高度来定位法治、布局法治、厉行法治。在党的二十大报告中，习近平总书记对全面依法治国作出新部署，强调：“坚持全面依法治国，推进法治中国建设。”①

中铁北京工程局集团有限公司（以下简称中铁北京局）作为特大型上市央企中国中铁股份有限公司下属成员企业，是集工程设计、施工、科研、开发于一体的综合性大型建筑集团。近年来，国际国内发展形势复杂多变，高质量发展成为建筑企业应对挑战、拥抱机遇的必然要求。中铁北京局坚决贯彻落实党中央决策部署，坚持全面深化改革，坚定“决策必循法，违法不决策”原则，将依法决策、合规经营、规范管理内化为企业高质量发展的基石。工程项目是建筑企业的利润源、风险源，是高质量管理的重点和核心。为落实工程项目风险防范管理，中铁北京局通过多年实践，形成了合同履约证据收集清单及常用函件文本、合同履约写实记录表等系统性管理成果，在工程项目经营风险防范、案件纠纷维权创效中取得了明显成效。

中铁北京局聚焦建筑企业部分共性问题和薄弱环节，将系统性管

---

① 习近平：《高举中国特色社会主义伟大旗帜　为全面建设社会主义现代化国家而团结奋斗——在中国共产党第二十次全国代表大会上的报告（2022年10月16日）》，载《人民日报》2022年10月26日，第1版。

理成果总结编纂成书，对建筑企业加强过程风险管控、增强证据保全意识、促进企业依法维权等工作具有很强的指导性、实操性，并能够潜移默化地促使项目管理人员树立法治思维，运用法治手段，维护企业权益，实现企业高质量发展。

实践是检验真理的唯一标准，本书发轫于实践、作用于实践，希望有助于建筑企业打造以事前防范为主、事中控制和事后补救为辅的履约风险法律合规保障体系，为企业做强做优做大提供坚实基础。

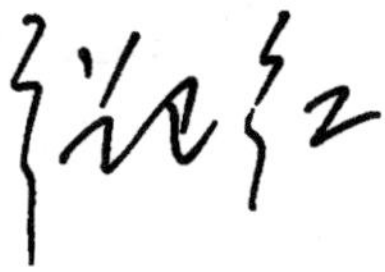 *

2025 年 4 月 18 日

---

* 张卫红，中铁北京工程局集团有限公司党委书记、董事长。

目　　录

第一篇　建筑企业合同履约证据收集清单及常用函件文书

第三篇 建筑企业典型案例

第一篇　建筑企业合同履约证据收集清单及常用函件文书

一 建设工程施工合同履约证据收集清单及常用函件文本

（一）建设工程施工合同履约证据收集清单

1. 建设工程施工合同履约通用证据资料收集清单

序号	资料名称	具体内容
1	招投标文件	包括但不限于招标文件、投标文件、投标答疑、中标通知书、投标保证金支付凭证等
2	合同文件	包括但不限于建设工程施工合同、补充协议、履约保证金协议等
3	资信资料	包括但不限于营业执照、资质文件、法定代表人身份证明，授权委托书及被授权人身份证明等
4	往来函件	包括但不限于会议纪要、合同履行过程中的各类函件单据、相关方（发包方、监理方、设计方等）函件及签收证明等
5	工程资料	包括但不限于施工图、设计图、立项文件、开工许可证、施工组织设计方案等

续表

序号	资料名称	具体内容
6	物资设备资料	包括但不限于进(出)场物资管理资料、现场物资清单、进(出)场设备管理资料、现场设备清单等
7	变更洽商资料	包括但不限于变更洽商单、变更计价单等
8	竣工资料	包括但不限于竣工图、竣工文件、验收单等
9	结算资料	包括但不限于结算协议、结算报告、结算单、批复报告、审计报告等
10	财务结算资料	包括但不限于付款申请、发票、汇票、支付凭证等
11	质保资料	包括但不限于保修合同、质保金及返还相关文件等

2. 总包方违约证据资料收集清单

序号	违约事项	资料名称	收集方式
1	未按合同约定开工	1. 合同资料; 2. 开工资料; 3. 往来函件; 4. 现场照片; 5. 损失证明	1. 收集建设工程施工合同及补充协议中关于计划开工日期和违约责任条款的资料,收集发包方或者监理方下发的开工日期通知; 2. 因发包方导致无法按时开工,应及时向发包方发送书面函件,保存对方回函原件,固定有关证据; 3. 不可归责于双方的原因导致无法按时开工,应将相关事由及时通知发包方,并收集免责事由的依据和证明材料;双方及时签署协议文件,协议文件应载明具体事实; 4. 对实际的开工现场进行拍照录像取证,必要时可以要求监理方出具证明或者见证; 5. 计算开工日期延误的实际天数,如造成总包方损失的,还应收集损失证据

续表

序号	违约事项	资料名称	收集方式
2	工期延误	1. 合同资料； 2. 施工工期记录文件； 3. 施工现场文件； 4. 往来函件	1. 收集建设工程施工合同及补充协议中关于计划开工日期、计划竣工日期、工程总工期、工期变更条件和违约责任条款的资料； 2. 收集实际开工日期和竣工日期的书证原件，包括但不限于开工通知书、竣工验收通知书、竣工验收报告及实际交付日期等； 3. 收集引发工期延误原因的相关证明资料，包括但不限于发包方逾期下达开工通知，逾期交付施工图、设计图，未按约定支付相关款项等相关证据资料； 4. 收集施工记录、施工日志等现场资料文件，据此计算工期延误的实际天数； 5. 收集双方关于工期变更、延误等事项的往来函件、会议纪要、通话录音、短信记录等资料
3	违法分包	1. 合同资料； 2. 分包资料； 3. 往来函件	1. 收集建设工程施工合同及补充协议中关于工程可分包范围、分包合同中施工范围、分包程序及违约责任条款的资料； 2. 收集发包方同意分包的审批文件原件； 3. 收集与发包方关于分包的往来函件、会议纪要、通话录音、短信记录等资料的书证原件

续表

序号	违约事项	资料名称	收集方式
4	工程质量不合格	1. 合同资料； 2. 图纸资料； 3. 工程质量相关资料； 4. 工程鉴定资料； 5. 质保资料； 6. 往来函件	1. 收集建设工程施工合同及补充协议中关于工程质量、质量保修及违约责任条款的资料； 2. 收集经双方会审签字的设计图纸和施工图纸； 3. 收集质量标准技术文件； 4. 收集能够证明工程质量问题的现场照片、视频等视听资料； 5. 收集第三方鉴定机构出具的工程质量鉴定资料； 6. 收集竣工验收报告书、竣工备案登记证、竣工验收合格通知书或实际交付使用日期等书证原件，以确定质保期的计算时间； 7. 收集双方关于质量问题的往来函件、会议纪要、签证等书证原件

注：1. 有效送达方式：书面函件有效送达方式包括但不限于现场送达并签收、邮寄送达、公证送达、律师见证送达，双方确认的电子邮件或传真等。

2. 书证资料应尽量保存原件，复印件须与原件核对无误并经相关方加盖公章或签字确认，签字应有相应的授权委托手续或文件。

3. 需邮寄的函件、通知等文件，须由中国邮政 EMS 邮寄，清楚完整填写邮寄底单，注明邮寄文件的具体名称；书证资料要保存经相关责任人签字盖章的原件；视听资料采集要经公证机关公证，并符合证据规则的相关要求。

4. 保留存有短信记录、视听资料、电子数据的原始载体。

5. 资金往来证明可以向法院申请协助取证。

3. 发包方违约证据资料收集清单

序号	违约事项	资料名称	收集方式	推荐使用函件文本
1	未按合同约定开工	1. 合同资料; 2. 开工资料; 3. 往来函件等资料; 4. 损失资料	1. 收集建设工程施工合同以及补充协议等约定的下达开工通知或开工令的时间、逾期下达开工通知的违约责任等相关条款的资料; 2. 收集发包方正式下达的开工令或开工通知,经监理方工程师或发包方代表确认的开工令或开工通知等资料; 3. 注意保留好关于发包方未按合同约定开工的往来函件、会议纪要、通话录音、短信记录等资料; 4. 违约事项发生后,总包方可以向发包方或监理方单位有效送达函件("有效送达"方式见注释),及时主张权利,如要求下发开工通知或开工令、工期调整、承担违约损失、调整工程价款等,或通过通话录音、发送短信、电子邮件或传真等方式,有效固定相关证据,并避免超过诉讼时效; 5. 收集因发包方未按合同约定下达开工通知或开工令给总包方造成的相关损失资料,如开工延迟导致工期及费用增加等证明材料	1. 关于下达开工令的函; 18. 索赔通知书(通用)

续表

序号	违约事项	资料名称	收集方式	推荐使用函件文本
2	未按合同约定时间提供图纸	1. 合同资料； 2. 图纸提供情况资料； 3. 往来函件等资料； 4. 损失资料	1. 收集建设工程施工合同以及补充协议等约定的施工图纸提供时间、逾期提供施工图纸的违约责任等相关条款的资料； 2. 收集现场的施工图纸提供情况等资料，如施工图纸交接记录等； 3. 要注意保留好关于发包方未按合同约定提供图纸的往来函件、会议纪要、通话录音、短信记录等资料； 4. 违约事项发生后，总包方可以向发包方有效送达函件（“有效送达”方式见注释），及时主张权利，如要求提供施工图纸、工期及费用索赔等，或通过通话录音、发送短信、电子邮件、传真等方式，有效固定相关证据，并避免超过诉讼时效； 5. 收集因发包方未按合同约定提供图纸给总包方造成的相关损失资料，如未按合同约定提供图纸导致工期及费用增加等证明材料	2. 关于提供施工图纸的函； 18. 索赔通知书（通用）

续表

序号	违约事项	资料名称	收集方式	推荐使用函件文本
3	未付预付款	1. 合同资料; 2. 付款情况资料; 3. 往来函件等资料; 4. 损失资料	1. 收集建设工程施工合同以及补充协议等约定的预付款付款时间、逾期支付预付款的违约责任等相关条款的资料; 2. 收集发包方实际支付预付款时间、付款凭证等资料; 3. 要注意保留好关于发包方未支付预付款的往来函件、会议纪要、通话录音、短信记录等资料; 4. 违约事项发生后,总包方可以向发包方有效送达函件("有效送达"方式见注释),催要欠款,或通过通话录音、发送短信、电子邮件、传真等方式,有效固定相关证据,并避免超过诉讼时效; 5. 收集因发包方未付预付款给总包方造成的相关损失资料,如垫资成本、工期延误、费用增加等证明材料	3. 关于支付预付款的函; 18. 索赔通知书(通用)

续表

序号	违约事项	资料名称	收集方式	推荐使用函件文本
4	未付进度款	1. 合同资料; 2. 进度款申请资料; 3. 款项支付资料; 4. 往来函件等资料; 5. 损失资料	1. 收集建设工程施工合同以及补充协议等约定的进度款付款时间、逾期支付进度款的违约责任等相关条款的资料; 2. 收集进度款申请单等相关资料; 3. 收集款项支付资料,如银行凭证、发票资料等; 4. 要注意保留好关于发包方未支付进度款的往来函件、会议纪要、通话录音、短信记录等; 5. 违约事项发生后,总包方可以向发包方有效送达函件("有效送达"方式见注释),催要欠款,或通过通话录音、发送短信、电子邮件、传真等方式,有效固定相关证据,并避免超过诉讼时效; 6. 在施工过程中,总包方按照时间节点要求,根据已完工程量编制进度款申请单及相关资料,以确定未付进度款金额; 7. 收集因发包方未付进度款给总包方造成的相关损失资料,如垫资成本、工期延误、费用增加等证明材料	4. 关于支付进度款的函; 18. 索赔通知书(通用)

续表

序号	违约事项	资料名称	收集方式	推荐使用函件文本
5	未付结算款	1. 合同资料； 2. 工程结算资料； 3. 款项支付资料； 4. 往来函件等资料； 5. 损失资料	1. 收集建设工程施工合同以及补充协议等约定的结算款付款时间、逾期支付结算款的违约责任等相关条款的资料； 2. 要注意保留好关于发包方未支付结算款的往来函件、会议纪要、通话录音、短信记录等； 3. 收集款项支付资料，如银行凭证、发票资料等； 4. 违约事项发生后，总包方可以向发包方有效送达函件（“有效送达”方式见注释），催要欠款，或通过通话录音、发送短信、电子邮件、传真等方式，有效固定相关证据，并避免超过诉讼时效； 5. 根据工程结算资料确定发包方应支付总包方的款项总额； 6. 根据结算价款以及已付款情况，核算发包方未付结算款金额； 7. 收集因发包方未付结算款给总包方造成的相关损失资料，如垫资成本、费用增加等证明材料； 8. 在向发包方主张未付结算款的过程中，根据最高人民法院《关于审理建设工程施工合同纠纷案件适用法律问题的解释（一）》第 41 条的规定，承包人应当在合理期限内行使建设工程价款优先受偿权，但最长不得超过 18 个月，自发包人应当给付建设工程价款之日起算	5. 关于支付结算款的函

续表

序号	违约事项	资料名称	收集方式	推荐使用函件文本
6	窝工	1. 合同资料; 2. 窝工情况资料; 3. 窝工签证; 4. 往来文件资料; 5. 索赔资料	1. 收集建设工程施工合同以及补充协议等约定的窝工违约责任等相关条款的资料; 2. 窝工发生后,及时收集窝工相关情况资料,如窝工原因、窝工所涉工作是否为关键工作、窝工天数等; 3. 结合窝工情况核算窝工天数及窝工费用,用于窝工的工期索赔或费用索赔; 4. 及时做好窝工签证; 5. 发包方按照建设工程施工合同等要求及时报送窝工的工期及费用索赔资料,并固定和保存好相关证据; 6. 违约事项发生后,总包方可以向发包方有效送达函件("有效送达"方式见注释),及时主张权利,或通过通话录音、发送短信、电子邮件、传真等方式,有效固定相关证据,并避免超过诉讼时效	6. 关于窝工的索赔通知书

续表

序号	违约事项	资料名称	收集方式	推荐使用函件文本
7	停工	1. 合同资料; 2. 停、复工资料; 3. 停工签证; 4. 往来文件资料; 5. 索赔资料	1. 收集建设工程施工合同以及补充协议等约定的停工违约责任等相关条款的资料; 2. 停工发生后,全面收集停工资料,如停工通知、停工原因、停工所涉工作是否为关键工作、停工天数等; 3. 如复工,全面收集复工资料,如复工通知等; 4. 结合停复工情况计算停工天数及停工费用,用于停工的工期索赔或费用索赔; 5. 及时做好停工签证; 6. 发包方按照建设工程施工合同等要求及时报送停工的工期及费用索赔资料,并固定和保存好相关证据; 7. 违约事项发生后,总包方可以向发包方有效送达函件("有效送达"方式见注释),及时主张权利,或通过通话录音、发送短信、电子邮件、传真等方式,有效固定相关证据,并避免超过诉讼时效	7. 关于停工的索赔通知书

续表

序号	违约事项	资料名称	收集方式	推荐使用函件文本
8	(强制)撤场	1. 合同资料; 2. 撤场资料、协议; 3. 现场情况资料; 4. 往来函件等资料; 5. 损失资料	1. 收集建设工程施工合同以及补充协议等约定的单方解除合同、撤场违约责任等相关条款的资料,同时查找法律相关规定。 2. 及时收集撤场相关资料,如撤场通知书、会议纪要、往来函件、现场录像等。 3. 收集撤场时的现场情况资料,包括:(1)现场的整体状况、现场工程已完工情况、相关技术资料及造价资料等,做好相关清点及证据保全工作。(2)及时清点现场剩余物资设备,制作交接清单,经双方签字盖章确认;不需交接的,注意对现场留有物资设备进行证据保全。(3)注意临时建筑等资料的收集,包括项目部、工程、财务、工经等资料,并做好现场的清点及资料保管。 4. 发生撤场时,总包方应对施工现场情况进行证据保全公证。 5. 及时协调当地政府部门介入,并保管好相关会议纪要、录音等资料。	8. 关于(强制)撤场的索赔通知书

续表

序号	违约事项	资料名称	收集方式	推荐使用函件文本
			6. 违约事项发生后，总包方可以向发包方有效送达函件（"有效送达"方式见注释），及时主张权利，或通过通话录音、发送短信、电子邮件、传真等方式，进一步有效固定相关证据，并避免超过诉讼时效。 7. 收集因发包方强制撤场给总包方造成的相关损失资料，如因撤场发生的直接费用，因撤场导致专业分包合同及劳务分包合同、租赁合同等无法履行而产生的费用或损失，撤场导致的物资材料供应的损失赔偿，预期利润减少等证明材料。 8. 发包方可以尝试与总包方达成撤场协议	

续表

序号	违约事项	资料名称	收集方式	推荐使用函件文本
9	拖延办理单位（单项）工程竣工验收	1. 合同资料； 2. 单位（单项）工程竣工资料； 3. 往来函件等资料； 4. 索赔资料	1. 收集建设工程施工合同以及补充协议等约定的关于结算及违约责任等相关条款的资料，同时查找法律相关规定； 2. 收集与单位（单项）工程竣工有关的资料，如已竣工部分工程的竣工图纸、竣工文件、洽商变更资料、签证等，用于后续进行工程造价鉴定； 3. 收集完整的结算资料，其中竣工结算申请单应包括以下内容：竣工结算价格（包含合同及相关洽商变更）、发包方已支付总包方的款项、应扣留的质量保证金、发包方应支付给总包方的合同价款； 4. 注意保留关于发包方拖延办理单位（单项）工程竣工验收的往来函件、会议纪要、通话录音、短信记录等资料； 5. 违约事项发生后，总包方可以向发包方有效送达函件（"有效送达"方式见注释），及时主张权利［如要求办理单位（单项）工程竣工验收等］，或通过通话录音、发送短信、电子邮件、传真等方式，有效固定相关证据，并避免超过诉讼时效； 6. 发包方按照建设工程施工合同等要求及时报送因发包方拖延办理单位（单项）工程竣工验收导致的工期及费用索赔资料，并固定和保存好相关证据	9. 关于加快办理单位（单项）工程竣工验收的函； 18. 索赔通知书（通用）

续表

序号	违约事项	资料名称	收集方式	推荐使用函件文本
10	拖延办理整体工程竣工验收	1. 合同资料; 2. 整体工程竣工资料; 3. 往来函件等资料; 4. 损失资料	1. 收集建设工程施工合同以及补充协议等约定的关于办理整体工程竣工验收及违约责任等相关条款的资料,同时查找法律相关规定; 2. 收集与整体工程竣工有关的资料,如竣工图纸、竣工文件、洽商变更资料、签证等; 3. 收集总包方向发包方报送的竣工验收资料及发包方签收的竣工验收资料的相关证据材料; 4. 注意保留关于发包方拖延办理竣工验收的往来函件、会议纪要、通话录音、短信记录等资料; 5. 违约事项发生后,总包方可以向发包方有效送达函件("有效送达"方式见注释),及时主张权利(如要求办理竣工验收等),或通过通话录音、发送短信、电子邮件、传真等方式,有效固定相关证据,并避免超过诉讼时效; 6. 收集因发包方拖延办理整体工程竣工验收给总包方造成的相关损失资料,如垫资成本、工期延误、费用增加等证明材料; 7. 在向发包方主张权利过程中,根据最高人民法院《关于审理建设工程施工合同纠纷案件适用法律问题的解释(一)》第41条的规定,承包人应当在合理	10. 关于加快办理整体工程竣工验收的函; 18. 索赔通知书(通用)

续表

序号	违约事项	资料名称	收集方式	推荐使用函件文本
			期限内行使建设工程价款优先受偿权,但最长不得超过18个月,自发包人应当给付建设工程价款之日起算	
11	拖延办理结算	1. 合同资料; 2. 竣工资料; 3. 结算资料; 4. 往来函件等资料	1. 收集建设工程施工合同以及补充协议等约定的关于结算及违约责任等相关条款的资料,同时查找法律相关规定; 2. 收集与工程有关的资料,如竣工验收资料、竣工图纸、竣工文件、洽商变更资料、签证等,用于后续进行工程造价鉴定; 3. 收集完整的结算资料,其中竣工结算申请单应包括竣工结算合同价格、发包方已支付总包方的款项、应扣留的质量保证金、发包方应支付总包方的合同价款; 4. 收集总包方向发包方报送结算资料及发包方签收结算资料的相关证据材料; 5. 注意保留关于发包方拖延办理结算的往来函件、会议纪要、通话录音、短信记录等资料; 6. 违约事项发生后,总包方可以向发包方有效送达函件("有效送达"方式见注释),及时主张权利(如要求办理结算等),或通过通话录音、发送短信、电子邮件、传真等方式,有效固定相关证据,并避免超过诉讼时效	11. 关于加快办理结算的函; 18. 索赔通知书(通用)

续表

序号	违约事项	资料名称	收集方式	推荐使用函件文本
12	未退还质量保证金	1. 合同资料; 2. 竣工资料; 3. 结算资料; 4. 往来函件等资料	1. 收集建设工程施工合同以及补充协议等约定的质量保证金、缺陷责任期等相关条款的资料; 2. 收集竣工资料,重点是确认实际竣工日期资料,以确定缺陷责任期期满时间; 3. 收集结算资料,以确定质量保证金的金额等; 4. 注意保留关于发包方未退还质量保证金的往来函件、会议纪要、通话录音、短信记录等资料; 5. 违约事项发生后,总包方可以通过邮寄律师函等函件方式向发包方主张权利(如要求退还保证金等),或通过通话录音、发送短信、电子邮件、传真等方式,有效固定相关证据,并避免超过诉讼时效	12. 关于退还质量保证金的函

续表

序号	违约事项	资料名称	收集方式	推荐使用函件文本
13	发包方其他违约情形	1. 合同资料； 2. 与违约情形相关的工程资料； 3. 往来函件等资料； 4. 损失资料	1. 收集建设工程施工合同以及补充协议等约定的与发包人违约情形相关条款的资料； 2. 注意保留关于发包方未按合同约定履行义务的往来函件、会议纪要、通话录音、短信记录等资料； 3. 违约事项发生后，总包方可以向发包方或监理方单位有效送达函件（“有效送达”方式见注释），及时主张权利，如要求履行合同义务、承担违约损失、调整工程价款等，或通过通话录音、发送短信、电子邮件、传真等方式，有效固定相关证据，并避免超过诉讼时效； 4. 收集因发包方未按合同约定履行义务给总包方造成的相关损失资料，如导致工期及费用增加等证明材料	13. 关于履行合同义务的催告函（通用）； 18. 索赔通知书（通用）

注：1. 有效送达方式：书面函件有效送达方式包括但不限于现场送达并签收、邮寄送达、公证送达、律师见证送达，双方确认的电子邮件或传真等。

2. 书证资料应尽量保存原件，复印件须与原件核对无误并经相关方加盖公章或签字确认，签字应有相应的授权委托手续或文件。

3. 需邮寄的函件、通知等文件，须由中国邮政 EMS 邮寄，清楚完整填写邮寄底单，注明邮寄文件的具体名称；书证资料须保存经相关责任人签字盖章的原件；视听资料采集须经公证机关公证，并符合证据规则的相关要求。

4. 保留存有短信记录、视听资料、电子数据的原始载体。

5. 资金往来证明可以向法院申请协助取证。

4. 其他事由导致合同部分或全部不能履行证据资料收集清单

序号	事项	资料名称	收集方式	推荐使用
1	不可抗力导致合同部分不能履行	1. 合同资料； 2. 合同部分不能履行的相关资料； 3. 往来函件等资料； 4. 损失资料； 5. 索赔资料	1. 收集建设工程施工合同以及补充协议中关于不可抗力事由、不可抗力责任承担等相关条款的资料； 2. 收集因不可抗力导致的合同部分不能履行的相关资料，主要包括构成不可抗力的事由及依据、合同不能履行部分的内容等； 3. 注意收集和保留与发包方因不可抗力导致合同部分不能履行事宜进行交涉的往来函件、会议纪要、通话录音、短信记录等资料； 4. 不可抗力事由发生后，总包方可以向发包方有效送达函件（“有效送达”方式见注释），及时交涉因不可抗力导致合同部分不能履行的相关事宜，或通过通话录音、发送短信、电子邮件、传真等方式，有效固定相关证据，并避免超过诉讼时效； 5. 收集不可抗力导致合同部分不能履行或发包方应对不当给总包方造成的相关损失资料，如合同不能履行部分对工期的影响、合同不能履行部分所涉的工程量及工程造价等； 6. 总包方按照建设工程施工合同及补充协议要求及时报送索赔资料，并固定和保存相关证据	14. 合同履行调整通知书（不可抗力适用）

续表

序号	事项	资料名称	收集方式	推荐使用
2	不可抗力导致合同全部不能履行	1. 合同资料; 2. 合同全部不能履行的相关资料; 3. 合同解除或终止资料; 4. 往来函件等资料; 5. 损失资料; 6. 索赔资料	1. 收集建设工程施工合同以及补充协议中关于不可抗力界定、不可抗力责任承担等相关条款的资料; 2. 收集因不可抗力导致的合同全部不能履行的相关资料,主要包括构成不可抗力的事由及依据、合同全部不能履行的原因及依据等; 3. 注意收集和保留与发包方因不可抗力导致合同全部不能履行事宜进行交涉的往来函件、会议纪要、通话录音、短信记录等资料; 4. 不可抗力事由发生后,总包方可以向发包方有效送达函件("有效送达"方式见注释),及时交涉因不可抗力导致合同全部不能履行的相关事宜,或通过通话录音、发送短信、电子邮件、传真等方式,有效固定相关证据,并避免超过诉讼时效; 5. 收集因不可抗力导致合同全部无法履行后,双方就合同解除或终止进行协商的往来函件、会议纪要等; 6. 收集不可抗力导致合同全部不能履行或发包方应对不当给总包方造成的相关损失资料,如损失明细及说明等; 7. 总包方按照建设工程施工合同等要求及时报送索赔资料,并固定和保存相关证据	15. 解除合同通知书(不可抗力适用)

续表

序号	事项	资料名称	收集方式	推荐使用
3	情势变更导致合同部分不能履行	1. 合同资料; 2. 变更合同资料; 3. 情势变更资料; 4. 损失资料; 5. 索赔资料	1. 收集建设工程施工合同以及补充协议中关于情势变更等相关条款; 2. 收集国家政策文件、行业政策文件、地方政府及主管机关通知、发包方有关文件、文物保护、雾霾或环境保护造成停工等资料,以确定存在情势变更情形; 3. 积极与发包方协商变更合同中关于因情势变更导致总包方无法履行合同的部分条款,并做好损失承担与责任分配事宜; 4. 收集因情势变更导致总包方损失的资料,如工期、停窝工损失、费用增加等资料; 5. 总包方按照建设工程施工合同等要求及时报送并有效送达索赔资料,固定保存相关证据	16. 变更/补充协议(情势变更适用)

续表

序号	事项	资料名称	收集方式	推荐使用
4	情势变更导致合同全部不能履行	1. 合同资料； 2. 情势变更文件； 3. 提前终止或解除合同资料； 4. 损失资料； 5. 索赔资料	1. 收集建设工程施工合同以及补充协议中关于情势变更等相关条款的资料； 2. 收集国家政策文件、行业政策文件、地方政府及主管机关通知、发包方有关文件、项目无法继续推进、文物保护、雾霾或环境保护造成停工等资料，以确定存在情势变更情形； 3. 如因情势变更导致总包方无法履行合同，应积极与发包方协商提前终止或解除合同，并做好相关结算工作； 4. 收集因情势变更导致总包方损失的资料，如工期、停窝工损失、费用增加等资料； 5. 总包方按照建设工程施工合同等要求及时报送并有效送达索赔资料，固定保存相关证据	17. 关于协商解除合同的函（情势变更适用）

注：1. 有效送达方式：书面函件有效送达方式包括但不限于现场送达并签收、邮寄送达、公证送达、律师见证送达，双方确认的电子邮件或传真等。

2. 书证资料应尽量保存原件，复印件须与原件核对无误并经相关方加盖公章或签字确认，签字应有相应的授权委托手续或文件。

3. 需邮寄的函件、通知等文件，须由中国邮政 EMS 邮寄，清楚完整填写邮寄底单，注明邮寄文件的具体名称；书证资料须保存经相关责任人签字盖章的原件；视听资料采集须经公证机关公证，并符合证据规则的相关要求。

4. 保留存有短信记录、视听资料、电子数据的原始载体。

5. 资金往来证明可以向法院申请协助取证。

(二)建设工程施工合同常用函件文本

1.关于下达开工令的函

________________公司:

我公司与贵公司签订《建设工程施工总承包合同》(合同编号:________)以及《补充协议》(合同编号:________)(以下简称《合同》)(此处据实调整)后,于________年____月____日已进场等待开工,我公司为尽快满足贵公司履约要求,已经为本项目开工建设准备了充足的劳务、机械、材料等。

截至________年____月____日,贵公司仍未下达开工令,上述人工物资均出现不同程度的窝工损失。为防止损失继续扩大,同时也为顺利推进合同履行,请贵公司尽快依约下达开工令。

特此函告!

联系人:

联系电话:

________________公司

年　月　日

以上文件已收到,予以确认。

签收人:________________

年　月　日

2. 关于提供施工图纸的函

__________________公司：

根据贵公司与我公司签订的《建设工程施工总承包合同》(合同编号:________)以及《补充协议》(合同编号:________)(以下简称《合同》)(此处据实调整)约定,贵公司应于________年____月____日前向我公司提供施工图纸。

截至________年____月____日,贵公司仍未提供施工图纸,导致我公司因等待图纸发生停工窝工并产生经济损失。为防止损失继续扩大,同时也为顺利推进合同履行,请贵公司尽快依约履行上述合同义务。

特此函告!

联系人:

联系电话:

__________________公司

年　月　日

以上文件已收到,予以确认。

签收人:__________________

年　月　日

3. 关于支付预付款的函

________________公司：

根据贵公司与我公司签订的《建设工程施工总承包合同》(合同编号：________)以及《补充协议》(合同编号：________)(以下简称《合同》)(此处据实调整)约定，贵公司应于________年____月____日前向我公司支付预付款____元。

截至________年____月____日，贵公司仍未支付预付款，贵公司上述行为已影响我公司正常施工并产生经济损失。为防止损失继续扩大，同时也为顺利推进合同履行，请贵公司尽快依约履行上述合同义务。

特此函告！

联系人：

联系电话：

________________公司

年　月　日

以上文件已收到，予以确认。

签收人：________________

年　月　日

4.关于支付进度款的函

________公司:

根据贵公司与我公司签订的《建设工程施工总承包合同》(合同编号:________)以及《补充协议》(合同编号:________)(以下简称《合同》)(此处据实调整)约定,贵公司应于________年____月____日前向我公司支付进度款____元。

截至________年____月____日,贵公司仍未支付上述进度款。目前项目正处于关键阶段,因资金不足已导致我公司施工的项目出现________等问题,给双方造成一定经济损失及负面影响。为防止损失继续扩大,同时也为顺利推进合同履行,请贵公司尽快依约给付上述工程进度款。

特此函告!

联系人:

联系电话:

________公司/项目部

年　月　日

以上文件已收到,予以确认。

签收人:________

年　月　日

5. 关于支付结算款的函

________公司：

根据贵公司与我公司签订的《建设工程施工总承包合同》(合同编号：________)以及《补充协议》(合同编号：________)(以下简称《合同》)(此处据实调整)约定，贵公司应于________年____月____日前向我公司支付结算款____元。

截至________年____月____日，贵公司仍未支付上述结算款，导致我公司施工的项目出现________等问题，并给我公司造成一定经济损失及负面影响。为防止损失及影响继续扩大，请贵公司尽快依约履行上述合同义务，支付结算款____元(支付违约金____元或赔偿损失____元，或支付违约金____元且赔偿违约金不足以弥补的损失____元)(此处据实调整)，并承担其他相关的违约责任(详见各类款项清单)。

特此函告！

联系人：

联系电话：

________公司

年 月 日

以上文件已收到，予以确认。

签收人：________

年 月 日

6.关于窝工的索赔通知书

________________公司:

我公司承接贵公司的________工程,因贵公司________等原因造成窝工,导致工期延长____天,施工费用增加____元并产生了相关损失____元(具体费用、损失及违约责任详见附件)(此处据实调整)。

按照双方签订的《建设工程施工总承包合同》(合同编号:________)以及《补充协议》(合同编号:________)(以下简称《合同》)(此处据实调整)约定,贵公司应当顺延工期____天并就前述施工费用、损失予以赔偿。

请贵公司自收到本通知书后____日内予以确认,并将相关款项转入我公司指定账户(账户信息详见下方);如有异议,请贵公司于收到本通知书后____日内书面提出,并提供相关佐证资料;否则视为贵公司认可我公司的全部索赔内容。

特此通知!

账户:

账号:

开户行:

联系人:

联系电话:

________________公司

年　月　日

以上文件已收到,予以确认。

签收人:________________

年　月　日

7. 关于停工的索赔通知书

________公司：

我公司承接贵公司的________工程，因贵公司________等原因造成停工。截至________年____月____日已导致工期延长____天，施工费用增加____元并产生了相关损失____元（相关明细详见附件）（此处据实调整）。

按照双方签订的《建设工程施工总承包合同》（合同编号：________）以及《补充协议》（合同编号：______）（以下简称《合同》）（此处据实调整）约定，贵公司应当相应顺延停工工期并就前述施工费用、损失予以赔偿，并承担相应的违约责任。

请贵公司自收到本通知书后____日内予以确认，并将相关款项转入我公司指定账户（账户信息详见下方）；如有异议，请贵公司于收到本通知书后____日内书面提出，并提供相关佐证资料；否则视为贵公司认可我公司的全部索赔内容。

特此通知！

账户：

账号：

开户行：

联系人：

联系电话：

________公司

年 月 日

以上文件已收到，予以确认。

签收人：________

年 月 日

8. 关于(强制)撤场的索赔通知书

__________公司：

我公司承接贵公司的________工程，因____等原因造成我公司于________年____月____日(强制)撤场。

按照双方签订的《建设工程施工总承包合同》(合同编号：______)以及《补充协议》(合同编号：______)(以下简称《合同》)(此处据实调整)约定，贵公司应当于______年____月____日前办理结算，于______年____月____日前支付剩余工程款项______万元，就我公司的相关费用、损失予以赔偿，并承担相应的违约责任(相关明细详见附件)(此处据实调整)。

请贵公司自收到本通知书后____日内予以确认，并将相关款项转入我公司指定账户(账户信息详见下方)；如有异议，请贵公司于收到本通知书后____日内书面提出，并提供相关佐证资料；否则视为贵公司认可我公司的全部索赔内容。

特此通知！

联系人：

联系电话：

__________公司

年 月 日

以上文件已收到，予以确认。

签收人：__________

年 月 日

9. 关于加快办理单位(单项)工程竣工验收的函

________公司:

根据贵公司与我公司签订的《建设工程施工总承包合同》(合同编号:________)以及《补充协议》(合同编号:________)(以下简称《合同》)(此处据实调整)约定,贵公司应于________年____月____日前办理________单位(单项)工程(此处据实调整)竣工验收。

截至________年____月____日,贵公司仍未办理单位(单项)工程竣工验收,导致我公司施工的________项目出现________等问题,贵公司的行为已构成违约,并给我公司造成一定经济损失及负面影响。为防止损失及影响继续扩大,请贵公司尽快依约履行上述合同义务。

特此函告!

联系人:

联系电话:

________公司

年 月 日

以上文件已收到,予以确认。

签收人:________

年 月 日

10. 关于加快办理整体工程竣工验收的函

________________公司：

根据贵公司与我公司签订的《建设工程施工总承包合同》（合同编号：________）以及《补充协议》（合同编号：________）（以下简称《合同》）（此处据实调整）约定，贵公司应于________年____月____日前办理整体工程竣工验收。

截至________年____月____日，贵公司仍未办理整体工程竣工验收，导致我公司施工的________项目出现________等问题，给我公司造成一定经济损失及负面影响。为防止损失及影响继续扩大，请贵公司尽快依约履行上述合同义务。

特此函告！

联系人：

联系电话：

________________公司

年　月　日

以上文件已收到，予以确认。

签收人：________________

年　月　日

11. 关于加快办理结算的函

________公司：

根据贵公司与我公司签订的《建设工程施工总承包合同》（合同编号：________）以及《补充协议》（合同编号：________）（以下简称《合同》）（此处据实调整）约定，贵公司应于________年____月____日前办理结算。

截至________年____月____日，贵公司仍未办理结算，导致我公司施工的________项目出现________等问题，给我公司造成一定经济损失及负面影响。为防止损失及影响继续扩大，请贵公司尽快依约履行上述合同义务。

特此函告！

联系人：

联系电话：

________公司

年 月 日

以上文件已收到，予以确认。

签收人：________

年 月 日

12. 关于退还质量保证金的函

________________公司:

根据贵公司与我公司签订的《建设工程施工总承包合同》(合同编号:________)以及《补充协议》(合同编号:________)(以下简称《合同》)(此处据实调整)约定,贵公司应于________年____月____日前退还质量保证金____元。

截至________年____月____日,贵公司仍未退还质量保证金,已构成违约。请贵公司尽快依约履行上述合同义务,并承担相应的违约责任。

特此函告!

联系人:

联系电话:

________________公司

年　月　日

以上文件已收到,予以确认。

签收人:________________

年　月　日

13. 关于履行合同义务的催告函(通用)

________________公司:

根据贵公司与我公司签订的《建设工程施工总承包合同》(合同编号:________)以及《补充协议》(合同编号:________)(以下简称《合同》)(此处据实调整),贵公司应当按照前述合同约定,履行________义务。截至发函日,贵公司仍未履行。贵公司上述行为给我公司造成____________。为防止影响及损失继续扩大,确保双方实现合同目的,请贵公司尽快依约履行上述义务。

如贵公司收到本催告函____日内不予回复,视为贵公司拒绝履行合同义务。届时,根据相关法律规定及《合同》之约定,我公司将行使____________的权利。

特此函告!

联系人:

联系电话:

________________公司

年　月　日

以上文件已收到,予以确认。

签收人:________________

年　月　日

14. 合同履行调整通知书

(不可抗力适用)

________公司:

我公司与贵公司于______年____月____日签订了《______合同》(合同编号:______),自______年____月____日以来,因 (不可抗力事由) 的出现,各地均出现______等情形,就合同的履行出现了如下困难:

1. ________________;

2. ________________。

因为上述情形,导致我公司无法依据原合同履行,不得不作如下调整:

1. 原合同第____条变更为________________;

2. 原合同第____条变更为________________;

3. 补充条款为________________;

4. 删除原合同条款为________________。

特此通知!

联系人:

联系电话:

________公司

年　月　日

以上文件已收到,予以确认。

签收人:________

年　月　日

15. 解除合同通知书

（不可抗力适用）

________公司：

我公司与贵公司于______年____月____日签订了《______合同》（合同编号：______）及《补充协议》（合同编号：______）（以下简称《合同》）（此处据实调整）。自______年____月____日以来，因（不可抗力事由）的出现，各地均出现______等情形，就合同的履行出现了如下困难：

1. ________________________；

2. ________________________。

根据《民法典》第563条的规定，有下列情形之一的，当事人可以解除合同：因不可抗力致使不能实现合同目的的。

上述情形已构成不可抗力，且导致合同目的无法实现。为减少双方的合同损失，现我公司正式通知贵公司合同于______年____月____日解除。

特此通知！

联系人：

联系电话：

________公司

年 月 日

以上文件已收到，予以确认。

签收人：________

年 月 日

16. 变更/补充协议

(情势变更适用)

甲方:____________________

乙方:____________________

经甲乙双方平等自愿,协商一致,达成如下协议:

甲乙双方于________年____月____日签署《________合同》(以下简称原合同)。因(国家政策文件、行业政策文件、地方政府及主管机关通知、发包方有关文件、文物保护、雾霾或环境保护造成停工等)(据实调整),合同订立的情势发生明显改变,导致原合同无法正常履行。

经双方协商一致同意对原合同作如下变更及补充:

1. 原合同第____条变更为__________________________________;

2. 原合同第____条变更为__________________________________;

3. 补充条款为____;

4. 删除原合同条款为____________________________________。

本协议是原合同不可分割的组成部分,与原合同具有同等法律效力。除本协议变更补充的内容外,原合同中的其他条款仍然适用,对双方有约束力。

本协议自双方签字盖章后生效。

甲方:(盖章)　　　　　　乙方:(盖章)

法定代表人:(签字)　　　　法定代表人:(签字)

年　月　日　　　　　　年　月　日

17. 关于协商解除合同的函

(情势变更适用)

________公司:

我公司与贵公司于____年__月__日签署《____合同》(合同编号:____)及《补充协议》(合同编号:____)(以下简称《合同》)(此处据实调整)。因(国家政策文件、行业政策文件、地方政府及主管机关通知、发包方有关文件、文物保护、雾霾或环境保护造成停工等)(据实调整),合同订立的情势发生以下明显改变,导致合同无法正常履行:

1. ________________;

2. ________________。

上述情形已构成情势变更,且导致合同目的无法实现。为减少双方的合同损失,我公司提议解除合同,请贵公司于____年__月__日前来洽谈解除相关事宜。

特此函告!

联系人:

联系电话:

________公司

年 月 日

以上文件已收到,予以确认。

签收人:________

年 月 日

18. 索赔通知书(通用)

________公司:

我公司承接贵公司的________工程,因贵公司____等原因,导致工期延长____天,且造成我公司施工费用增加____元并产生了相关损失____元(相关明细详见附件)(此处据实调整)。

按照双方签订的《建设工程施工总承包合同》(合同编号:________)以及《补充协议》(合同编号:________)(以下简称《合同》)(此处据实调整)约定,贵公司应当顺延工期____天并就给前述增加的施工费用、损失予以赔偿,并承担相应的违约责任。

请贵公司自收到本通知书后____日内予以确认,并将相关款项转入我公司指定账户(账户信息详见下方);如有异议,请贵公司于收到本通知书后____日内书面提出,并提供相关佐证资料;否则视为贵公司认可我公司的全部索赔内容。

特此通知!

账户:

账号:

开户行:

联系人:

联系电话:

________公司

年 月 日

以上文件已收到,予以确认。

签收人:________

年 月 日

二 劳务分包合同履约证据收集清单及常用函件文本

（一）劳务分包合同履约证据收集清单

1. 劳务分包合同履约通用证据资料收集清单

序号	资料名称	具体内容
1	招投标文件	包括但不限于招标文件、投标文件、投标答疑、中标通知书、投标保证金支付凭证等
2	合同文件	包括但不限于劳务分包合同、补充协议、履约保证金协议等
3	资信资料	包括但不限于营业执照、资质文件、法定代表人身份证明,授权委托书及被授权人身份证明等
4	往来函件	包括但不限于会议纪要、合同履行过程中的各类函件单据、相关方(发包方、监理方、设计方等)函件及签收证明等

续表

序号	资料名称	具体内容
5	工程资料	包括但不限于施工图、设计图、立项文件、开工许可证、施工组织设计方案等
6	物资设备资料	包括但不限于进(出)场物资管理资料、现场物资清单、进(出)场设备管理资料、现场设备清单等
7	变更洽商资料	包括但不限于变更洽商单、变更计价单等
8	竣工资料	包括但不限于竣工图、竣工文件、验收单等
9	结算资料	包括但不限于结算协议、结算报告、结算单、批复报告、审计报告等
10	财务结算资料	包括但不限于付款申请、发票、汇票、支付凭证等
11	质保资料	包括但不限于保修合同、质保金及返还相关文件等
12	分包方劳务人员名单资料	包括但不限于劳务人员名单、身份证复印件、特殊工种证、劳动合同或劳务合同等,并加盖乙方公章、由乙方驻工地代表签字
13	代发劳务人员工资资料	分包方委托发包方代付劳务人员工资资料,包括但不限于代发工资委托书、劳务人员工资发放明细单、劳务人员考勤记录、工资发放银行凭证等。代发工资应采用银行卡支付,保存支付凭证,明细单、考勤记录应加盖分包方公章并经分包方驻工地代表签字确认

2. 总包方违约证据资料收集清单

序号	违约事项	资料名称	收集方式
1	未按约支付工程款	1. 合同资料; 2. 工程形象进度相关资料; 3. 往来函件; 4. 结算协议	1. 收集劳务分包合同及补充协议等关于按工程节点支付工程款的相关约定资料; 2. 与分包方就变更付款事宜、免除违约责任沟通协商,签订书面协议或取得分包方单方免责承诺; 3. 收集工程形象进度的证据资料,包括但不限于工程形象进度计划、进度报告、进度验收、施工许可证等资料; 4. 结算协议应明确约定免除总包方相关违约责任
2	未按合同约定开工	1. 合同资料; 2. 往来函件; 3. 结算协议; 4. 现场照片; 5. 损失资料	1. 收集劳务分包合同及补充协议有关计划开工日期和违约责任的条款资料,收集总包方下发的开工日期通知; 2. 因分包方原因导致无法按时开工时,应及时向分包方发送书面函件,保存对方回函原件,固定有关证据;同时计算开工日期延误的实际天数,如造成总包方损失的,还应收集损失证据; 3. 不可归责于双方的原因导致无法按时开工时,应将相关事由及时通知分包方,并收集免责事由的依据和证明材料;双方及时签署协议文件,协议文件载明具体事实; 4. 对开工现场进行拍照录像取证,必要时可以要求监理方出具证明或者见证; 5. 结算协议应明确约定免除总包方相关违约责任

续表

序号	违约事项	资料名称	收集方式
3	未退还质量保证金	1. 合同资料； 2. 竣工验收资料； 3. 结算资料； 4. 第三方鉴定资料； 5. 往来函件； 6. 存在质量问题的证明材料	1. 收集劳务分包合同及补充协议中关于质量保证金返还的相关条款资料； 2. 收集发包方、监理方等反映工程质量存在问题的书面资料； 3. 收集能够证明工程质量问题的现场照片、视频等视听资料； 4. 收集第三方鉴定机构出具的工程质量鉴定资料； 5. 收集有关质量保证金返还的往来函件、会议纪要、通话录音、短信记录等资料。其中应当包含通知分包方履行维修义务的书面函件，已出现质量问题的证明材料可作为通知附件，通过邮寄方式送达的，还应保留邮寄单等单据材料

注：1. 有效送达方式：书面函件有效送达方式包括但不限于现场送达并签收、邮寄送达、公证送达、律师见证送达，双方确认的电子邮件或传真等。

2. 书证资料应尽量保存原件，复印件须与原件核对无误并经相关方加盖公章或签字确认，签字应有相应的授权委托手续或文件。

3. 需邮寄的函件、通知等文件，须由中国邮政 EMS 邮寄，清楚完整填写邮寄底单，注明邮寄文件的具体名称；书证资料须保存经相关责任人签字盖章的原件；视听资料采集须经公证机关公证，并符合证据规则的相关要求。

4. 保留存有短信记录、视听资料、电子数据的原始载体。

5. 资金往来证明可以向法院申请协助取证。

3. 劳务分包方违约证据资料收集清单

序号	违约事项	资料名称	收集方式	推荐使用函件文本
1	工期延误	1. 合同资料; 2. 工期延误资料; 3. 竣工验收资料; 4. 损失资料; 5. 往来函件; 6. 索赔资料	1. 收集劳务分包合同以及补充协议等约定的下达开工通知或开工令的时间、工期延误违约责任等相关条款资料; 2. 收集分包方工期延误的证据材料; 3. 收集因分包方违约对发包方造成损失的证据材料,包括但不限于发包方和监理方向发包方送达的通知书或开具的罚单,发包方因此承担违约责任的依据及支付违约金的财务凭证等; 4. 收集双方就工期延误事项进行协商的会议纪要、往来函件、短信记录、微信记录、通知等资料; 5. 违约事项发生后,总包方可向分包方有效送达函件("有效送达"方式见注释),及时主张权利,如发送损失资料、承担违约损失等,或通过通话录音、发送短信、电子邮件、传真等方式,有效固定相关证据,并避免超过诉讼时效	1. 关于加快工程进度的函; 11. 索赔通知书(通用)

续表

序号	违约事项	资料名称	收集方式	推荐使用函件文本
2	劳务人员恶意阻工	1. 合同资料； 2. 照片及视听资料； 3. 公安机关处理记录； 4. 往来函件； 5. 工期延误资料	1. 收集劳务分包合同及补充协议等约定的恶意阻工情形、不得恶意阻工、恶意阻工违约责任等相关条款资料； 2. 收集劳务人员阻工现场照片、视频等影像资料，作为认定阻工事实和阻工行为所造成现场损失的依据； 3. 及时向发包方或政府部门报告，保存电话录音、书面报告等证据资料； 4. 收集保存双方的协商/谈话记录及会议纪要，以明确阻工发生的原因，造成的影响及损失情况； 5. 收集因阻工导致工期延误的信息资料，包括但不限于因此导致停工的日期、恢复开工日期及能够确定延误天数的证据材料； 6. 违约事项发生后，总包方可向分包方有效送达函件（“有效送达”方式见注释），及时主张权利，如发送损失资料、承担违约损失等，或通过通话录音、发送短信、电子邮件、传真等方式，有效固定相关证据，并避免超过诉讼时效	2. 停止恶意阻工通知书； 11. 索赔通知书（通用）

续表

序号	违约事项	资料名称	收集方式	推荐使用函件文本
3	工程质量不合格	1. 合同资料; 2. 施工图纸; 3. 技术交底书; 4. 验收资料; 5. 第三方鉴定资料; 6. 往来函件; 7. 返工通知书; 8. 损失情况资料; 9. 第三方维修资料; 10. 索赔资料	1. 收集劳务分包合同及补充协议、技术交底书等能够确定质量标准的书证资料原件; 2. 收集验收资料、现场图片、视频影像、往来函件等能够证明工程质量不合格的证据资料; 3. 收集有关工程质量问题的第三方鉴定资料; 4. 收集因工程质量不合格,发包方和监理方等有关部门向总包方送达的通知书或开具的罚单,及总包方承担违约责任的依据和支付违约金的财务凭证等损失情况资料; 5. 分包方不履行维修义务,发包方聘请第三方维修的,应收集与第三方的维修合同、结算资料、支付凭证等证据资料; 6. 违约事项发生后,总包方可以向分包方有效送达函件("有效送达"方式见注释),及时主张权利,如发送损失资料、承担违约损失等,或通过通话录音、发送短信、电子邮件、传真等方式,有效固定相关证据,并避免超过诉讼时效	3. 工程维修通知书; 11. 索赔通知书(通用)

续表

序号	违约事项		资料名称	收集方式	推荐使用函件文本
4	拖欠劳务人员工资	分包方配合办理的情形	1. 劳务人员名单； 2. 劳务人员考勤记录； 3. 工资发放明细单； 4. 保障农民工工资发放承诺书； 5. 代发工资/垫付工资委托书； 6. 工资领取确认单及承诺书	1. 收集经双方加盖公章确认的劳务人员名单、劳务人员身份证复印件、特殊工种证、劳动(劳务)合同等附件； 2. 收集施工过程中减换劳务人员时的劳务人员工资结算资料，及劳务人员更新名单； 3. 收集加盖分包方公章并经分包方驻工地代表签字确认的劳务人员考勤记录； 4. 收集与分包方签订的垫付劳务人员工资协议资料，以及由双方盖章确认工资发放明细单； 5. 收集劳务人员在领取工资时签署的承诺书、身份证复印件、委托他人办理的委托书。承诺书应包含劳务人员工资数额及领款后双方权利义务关系终结的表述	4. 及时支付农民工工资通知书； 5. 保障农民工工资发放承诺书； 6. 工资委托支付协议

续表

序号	违约事项		资料名称	收集方式	推荐使用函件文本
		分包方不配合办理的情形	1.劳务人员名单; 2.工资明细表; 3.关于劳务人员工资问题的往来函件; 4.纠正拖欠农民工工资行为通知书; 5.领款确认单及保障农民工工资发放承诺书; 6.政府见证的图片及视频资料; 7.公告文件及公告图片	1.收集劳务人员提供分包方盖章确认或全体劳务人员签字确认的工资明细表。 2.根据上述工资明细单发函分包方,要求其核实确认,并告知逾期确认的后果。 3.收集申领工资劳务人员的身份证和银行卡复印件,并要求其签署保障农民工工资发放承诺书。现金支付应在政府的主持下集中进行,协调政府出具对支付事宜签章见证的文件,并保存现场录像资料。 4.在项目现场由政府或总包方对工资支付事项进行公告,并对该公告拍照留存	

注:1.有效送达方式:书面函件有效送达方式包括但不限于现场送达并签收、邮寄送达、公证送达、律师见证送达,双方确认的电子邮件或传真等。

2.书证资料应尽量保存原件,复印件须与原件核对无误并经相关方加盖公章或签字确认,签字应有相应的授权委托手续或文件。

3.需邮寄的函件、通知等文件,须由中国邮政EMS邮寄,清楚完整填写邮寄底单,注明邮寄文件的具体名称;书证资料须保存经相关责任人签字盖章的原件;视听资料采集须经公证机关公证,并符合证据规则的相关要求。

4.保留存有短信记录、视听资料、电子数据的原始载体。

5.资金往来证明可以向法院申请协助取证。

4. 其他事由导致合同部分或全部不能履行证据资料收集清单

序号	事项	资料名称	收集方式	推荐使用
1	不可抗力导致合同部分不能履行	1. 合同资料; 2. 合同部分不能履行的相关资料; 3. 往来函件等资料; 4. 损失资料; 5. 索赔资料	1. 收集劳务分包合同以及补充协议中关于不可抗力事由、不可抗力责任承担等相关条款的资料; 2. 收集因不可抗力导致的合同部分不能履行的相关资料,主要包括构成不可抗力的事由及依据、合同不能履行部分的内容等; 3. 注意收集和保留与分包方因不可抗力导致合同部分不能履行事宜进行交涉的往来函件、会议纪要、通话录音、短信记录等资料; 4. 不可抗力事由发生后,总包方可以向分包方有效送达函件("有效送达"方式见注释),及时交涉因不可抗力导致合同部分不能履行的相关事宜,或通过通话录音、发送短信、电子邮件、传真等方式,有效固定相关证据,并避免超过诉讼时效; 5. 收集不可抗力导致合同部分不能履行或分包方应对不当给总包方造成的相关损失资料,如合同不能履行部分对工期的影响、合同不能履行部分所涉的工程量及工程造价等; 6. 发生不可抗力的一方按劳务分包合同及补充协议要求及时通知报送索赔资料,固定保存相关证据	7. 合同履行调整通知书(不可抗力适用); 11. 索赔通知书(通用)

续表

序号	事项	资料名称	收集方式	推荐使用
2	不可抗力导致合同全部不能履行	1. 合同资料; 2. 合同全部不能履行的相关资料; 3. 合同解除或终止资料; 4. 往来函件等资料; 5. 损失资料; 6. 索赔资料	1. 收集劳务分包合同以及补充协议中关于不可抗力界定、不可抗力责任承担等相关条款的资料; 2. 收集因不可抗力导致的合同全部不能履行的相关资料,主要包括构成不可抗力的事由及依据、合同全部不能履行的原因及依据等; 3. 注意收集和保留与分包方因不可抗力导致合同全部不能履行事宜进行交涉的往来函件、会议纪要、通话录音、短信记录等资料; 4. 不可抗力事由发生后,总包方可以向分包方有效送达函件("有效送达"方式见注释),及时交涉因不可抗力导致合同全部不能履行的相关事宜,或通过通话录音、发送短信、电子邮件、传真等方式,有效固定相关证据,并避免超过诉讼时效; 5. 收集因不可抗力导致合同全部无法履行后,双方就合同解除或终止进行协商的往来函件、会议纪要等; 6. 收集不可抗力导致合同全部不能履行或分包方应对不当给总包方造成的相关损失资料,如损失明细及说明等; 7. 发生不可抗力的一方按照劳务分包合同及补充协议要求及时通知报送索赔资料,固定保存相关证据	8. 解除合同通知书(不可抗力适用); 11. 索赔通知书(通用)

续表

序号	事项	资料名称	收集方式	推荐使用
3	情势变更导致合同部分不能履行	1.合同资料; 2.变更合同资料; 3.情势变更资料; 4.损失资料; 5.索赔资料	1.收集劳务分包合同以及补充协议中关于情势变更等相关条款资料; 2.收集国家政策文件、行业政策文件、地方政府及主管机关通知、发包方有关文件、文物保护、雾霾或环境保护造成停工等资料,以确定存在情势变更情形; 3.积极与分包方协商变更合同中关于因情势变更导致总包方无法履行合同的部分条款,并做好损失承担与责任分配事宜; 4.收集因情势变更导致总包方损失的资料,如工期、停窝工损失、费用增加等资料; 5.有情势变更事由的一方按照劳务分包合同及补充协议要求及时通知报送索赔资料,固定保存相关证据	9.变更/补充协议(情势变更适用); 11.索赔通知书(通用)

续表

序号	事项	资料名称	收集方式	推荐使用
4	情势变更导致合同全部不能履行	1. 合同资料； 2. 情势变更文件； 3. 提前终止或解除合同资料； 4. 损失资料； 5. 索赔资料	1. 收集劳务分包合同以及补充协议中关于情势变更等相关条款资料； 2. 收集国家政策文件、行业政策文件、地方政府及主管机关通知、发包方有关文件、项目无法继续推进、文物保护、雾霾或环境保护造成停工等资料，以确定存在情势变更情形； 3. 如因情势变更导致总包方无法履行合同，应积极与分包方协商提前终止或解除合同，并做好相关结算工作； 4. 收集因情势变更导致总包方损失的资料，如工期、停窝工损失、费用增加等资料； 5. 有情势变更事由的一方按照劳务分包合同及补充协议要求及时通知报送索赔资料，固定保存相关证据	10. 关于协商解除合同的函（情势变更适用）； 11. 索赔通知书（通用）

注：1. 有效送达方式：书面函件有效送达方式包括但不限于现场送达并签收、邮寄送达、公证送达、律师见证送达，双方确认的电子邮件或传真等。

2. 书证资料应尽量保存原件，复印件须与原件核对无误并经相关方加盖公章或签字确认，签字应有相应的授权委托手续或文件。

3. 需邮寄的函件、通知等文件，须由中国邮政 EMS 邮寄，清楚完整填写邮寄底单，注明邮寄文件的具体名称；书证资料须保存经相关责任人签字盖章的原件；视听资料采集须经公证机关公证，并符合证据规则的相关要求。

4. 保留存有短信记录、视听资料、电子数据的原始载体。

5. 资金往来证明可以向法院申请协助取证。

(二)劳务分包合同常用函件文本

1. 关于加快工程进度的函

________公司：

根据我公司与贵公司于______年____月____日签订的《______劳务分包合同》(合同编号：______)第____条关于____的约定，应于________年____月____日之前完成____(填写工程进度要求)____，但目前工程进度滞后。

现要求贵公司按照以下要求，合理进行施工组织、增加施工作业人员，加快现有施工进度：

1. 贵公司施工的______工程于______年____月____日全部完成；

2. 抓紧组织________工程施工，合理组织施工作业人员抢赶工期，保质保量地保证施工进度；确保贵公司施工范围内________工程于________年____月____日完成全部施工任务。

若贵公司不能满足上述施工进度节点要求，后续产生的相关费用(具体费用明细详见附件)均由贵公司承担。

望贵公司本着友好合作的原则，在收到此函后尽快解决工程进度问题，并书面回函说明贵公司所采取的有针对性的管理措施。

特此函告！

联系人：

电话：

________________公司/项目部

年　月　日

以上文件已收到，予以确认。

签收人：________________

年　月　日

2. 停止恶意阻工通知书

________公司：

我公司与贵公司于______年____月____日签订《______劳务分包合同》（合同编号：__________），贵公司管理的部分劳务人员以需要补偿误工费、路费、餐费等为由（此处据实调整）聚集，于______年____月____日至______年____月____日采取纠缠、哄闹、滞留工地等手段，强行阻拦我公司项目部施工。阻工行为严重扰乱了项目部整体施工计划，导致项目部______（此处填写暂停施工的时间、具体后果等）______，后续工程无法有序开展，给我公司造成了巨大经济损失（具体损失明细详见附件）。

望贵公司收到本通知后，立即解决阻工问题，恢复项目正常施工秩序，同时我公司保留追究贵公司法律责任的权利。

特此通知！

联系人：

电话：

__________公司/项目部

年　月　日

以上文件已收到，予以确认。

签收人：__________

年　月　日

3. 工程维修通知书

____________公司：

我公司与贵公司于______年___月___日签订《______劳务分包合同》（合同编号：______），现贵公司施工的______工程出现问题（具体问题详见附件）需要维修，根据合同约定属于贵公司保修范围之内，请贵公司收到本通知后___日内履行工程保修责任。

若贵公司拒绝维修、拖延维修或维修不达标准，我公司有权另行委托第三方进行维修，由此发生的费用及给我公司造成的损失均由贵公司承担。工程质量不符合要求又无法维修的，贵公司应赔偿包括但不限于发包人扣款、罚款等全部经济损失。

以上费用、损失或赔偿等我公司有权在应付贵公司款项或贵公司交纳的履约保证金中直接扣除，不足部分有权要求贵公司另行支付。

特此通知！

联系人：

电话：

____________公司/项目部

年　月　日

以上文件已收到，予以确认。

签收人：____________

年　月　日

4. 及时支付农民工工资通知书

________公司：

我公司与贵公司于____年____月____日签订《____劳务分包合同》(合同编号：____)，现贵公司在施工过程中(填写对方具体违约情形)，导致部分农民工未收到工资，出现(此处填写具体后果)。

请贵公司收到此通知书后于____年____月____日前将拖欠的____元农民工工资支付到位；否则，我公司有权将应付贵公司的合同款项直接用于支付农民工工资。同时，政府部门责令我公司作为施工总承包单位承担的费用及由此产生的一切经济损失和法律风险均由贵公司承担。

特此通知！

联系人：

电话：

________公司/项目部

年　月　日

以上文件已收到，予以确认。

签收人：________

年　月　日

5. 保障农民工工资发放承诺书

(此承诺书在合同签订时签署)

我公司承诺该工程严格落实农民工实名制管理,按实际用工提供农民工花名册、工资单和考勤表等;不存在使用童工、超过退休年龄的人员、无身份证人员和未依法签订劳动合同的农民工的情形。

如发生农民工工资纠纷、投诉或上访事件,我公司保证积极配合,及时处置,尽最大努力消除因拖欠农民工工资造成的不良社会影响。

如因农民工工资纠纷、投诉或上访事件处置不力,贵公司可立即停止对我公司劳务工程款的支付,我公司愿意将剩余工程款用作农民工工资保证金或支付农民工工资。同时,我公司自愿接受主管部门上调建筑农民工工资保证金缴存比例,缓拨建筑企业养老保障金、记入信用档案,通报批评、限制市场准入、停止投标资格等处理。

特此承诺!

公司负责人: 电话:

项目经理: 电话:

项目劳务员: 电话:

________________公司

年 月 日

6.工资委托支付协议

甲方:____________________

乙方:____________________

根据甲乙双方签订的《________项目 劳务分包合同》(合同编号:__________),根据国务院《保障农民工工资支付条例》规定和甲方《农民工实名制与工资支付管理规定》的相关要求,经双方友好协商,现就乙方员工(包括农民工)工资委托支付事宜达成如下协议:

一、甲方负责开立农民工工资专用账户,用于支付项目乙方员工(包括农民工)工资,专户专用。

二、本协议不改变乙方员工(包括农民工)与乙方所签订的劳动合同关系,乙方为乙方员工(包括农民工)工资、个税及社保等缴纳的责任主体,甲方仅负责委托支付但不承担任何劳动用工责任和义务。

三、乙方委托甲方支付乙方员工(包括农民工)工资,承诺每月按时将工资代付申请书、承诺书、委托代付工资授权书、委托办理工资授权书、员工花名册、进/出场记录、考勤表、工资单报甲方项目经理部劳务人员管理领导小组(或劳务人员管理部门)审核,农民工实名登记、工资金额、农民工个人银行卡申请资料等信息的真实性、完整性、准确性均由乙方负责。

乙方委托甲方代发工资产生的一切风险问题、法律责任和经济损失(包括但不限于税务费用)均由乙方自行缴纳、承担,与甲方无关。因代发工资造成甲方损失的,甲方可追偿并直接从应付合同款中扣除。

四、工资发放及考勤。

1.乙方员工(包括农民工)进入施工现场,按实名制相关要求进行管理,乙方应将进驻现场乙方员工(包括农民工)信息(包括与农民工签订的劳动合同、农民工身份证复印件等)报甲方备案,甲方应及时核对,没有报备的视为未进入施工现场。

2. 乙方要对进入项目施工现场的乙方员工(包括农民工)进行登记造册,注明身份信息、进/离场时间、工种、所在班组、工资标准等。乙方不得以任何理由扣押或者变相扣押乙方员工(包括农民工)工资卡,因此产生的纠纷与甲方无关。

3. 甲方对乙方提供的考勤表、工资单进行签字确认。签字确认后,乙方提报工资代付申请表,履行完甲方相关审批手续后,甲方劳资专管员在共享系统发起流程,通过农民工工资专用账户向乙方员工(包括农民工)个人储蓄卡中支付工资。

4. 甲方代发乙方员工(包括农民工)工资前,乙方应按照实际发放的工资总额向甲方开具符合规定的增值税专用发票。

五、甲方承诺按合同约定支付乙方员工(包括农民工)工资。若出现欠付乙方员工(包括农民工)工资,但甲方工资代发总额占结算总额比例已经达到合同约定的支付比例或甲方不欠付乙方工程进度款时,拖欠部分由乙方在甲方指定的时间内自行解决;如乙方不能解决,甲方有权从农民工工资保证金、履约保证金、应付乙方的款项中进行扣除,乙方无条件同意,并按本协议第6条承担违约责任。

六、违约责任。

1. 因甲方原因未足额支付乙方员工(包括农民工)工资的,由其无条件支付所拖欠的工资。

2. 乙方伪造出勤信息、工资单、提供虚假身份信息套取工资、高估冒算员工(包括农民工)工资的,套取工资及高估冒算超出费用,乙方应立即返还,同时甲方有权要求乙方按涉及金额的3倍支付违约金,并从应付乙方合同款中直接扣减,不足部分由乙方另行支付。

3. 非因甲方原因发生乙方员工(包括农民工)讨薪的,乙方应及时处理，消除给甲方造成的不良影响，同时甲方有权按照1万元/人次要求乙方承担违约金。

七、本协议自甲乙双方签字盖章之日起生效。

甲方：(盖章)	乙方：(盖章)
法定代表人：(签字)	法定代表人：(签字)
年 月 日	年 月 日

7. 合同履行调整通知书

（不可抗力适用）

________________公司：

我公司与贵公司于________年____月____日签订了《________合同》(编号：________)，自________年____月以来，因（不可抗力事由）的出现，各地均出现________等情形，就合同的履行出现了如下困难：

1. ____；

2. ____。

因为上述情形，导致我公司无法依据原合同履行，不得不作如下调整：

1. 原合同第____条变更为________________________________；

2. 原合同第____条变更为________________________________；

3. 补充条款为____；

4. 删除原合同条款为____________________________________。

特此通知！

联系人：

联系电话：

________________公司

年 月 日

以上文件已收到，予以确认。

签收人：________________

年 月 日

8. 解除合同通知书

（不可抗力适用）

__________公司：

我公司与贵公司于______年____月____日签订了《______合同》（编号：______）及《补充协议》（合同编号：______）（以下简称《合同》）（此处据实调整）。自______年____月以来，因（不可抗力事由）的出现，各地均出现______等情形，就合同的履行出现了如下困难：

1. ______________________________；

2. ______________________________。

根据《民法典》第563条的规定，有下列情形之一的，当事人可以解除合同：因不可抗力致使不能实现合同目的的。

上述情形已经构成不可抗力，且导致合同目的无法实现。为减少双方的合同损失，现我公司正式通知贵司合同于______年____月____日解除。

特此通知！

联系人：

联系电话：

__________公司

年　月　日

以上文件已收到，予以确认。

签收人：__________

年　月　日

9.变更/补充协议

（情势变更适用）

甲方：____________________

乙方：____________________

经甲乙双方平等自愿，协商一致，达成如下协议：

甲乙双方于________年____月____日签署《________合同》（以下简称原合同）。因（国家政策文件、行业政策文件、地方政府及主管机关通知、发包方有关文件、文物保护、雾霾或环境保护造成停工等）（据实调整），合同订立的情势发生明显改变，导致原合同无法正常履行。

经双方协商一致同意对原合同作如下变更及补充：

1.原合同第____条变更为__________________________________；

2.原合同第____条变更为__________________________________；

3.补充条款为____；

4.删除原合同条款为____________________________________。

本协议是原合同不可分割的组成部分，与原合同具有同等法律效力。除本协议变更补充的内容外，原合同中的其他条款仍然适用，对双方有约束力。

本协议自双方签字盖章后生效。

甲方：（盖章）

法定代表人：（签字）

年 月 日

乙方：（盖章）

法定代表人：（签字）

年 月 日

10.关于协商解除合同的函

（情势变更适用）

__________公司：

我公司与贵公司于______年____月____日签署《______合同》及《补充协议》（合同编号：______）（以下简称《合同》）（此处据实调整）。因（国家政策文件、行业政策文件、地方政府及主管机关通知、发包方有关文件、文物保护、雾霾或环境保护造成停工等）（据实调整），合同订立的情势发生以下明显改变，导致合同无法正常履行：

1.____；

2.____。

上述情形已经构成情势变更，且导致合同目的无法实现。为减少双方的合同损失，我公司提议解除合同，请于______年____月____日前来洽谈解除事宜。

特此函告！

联系人：

联系电话：

__________公司

年　月　日

以上文件已收到，予以确认。

签收人：__________

年　月　日

11. 索赔通知书(通用)

________公司:

由贵公司施工的______工程,出现下列第____项情形(选择适用):

1. 因施工进度缓慢,导致整体工期延误____天;

2. 部分劳务人员强行阻拦(或村民阻工),导致后续工程无法进行(阻工索赔);

3. 因工程存在质量问题,我公司于______年____月____日已向贵公司发出《工程维修通知书》,但截至目前,贵公司未履行维修义务;

4. 自______年____月____日以来,因(不可抗力事由)的出现,各地均出现______等情形,就合同的履行出现了如下困难:

(1)______________________________;

(2)______________________________。

5. 自______年____月____日以来,因为(国家政策文件、行业政策文件、地方政府及主管机关通知、发包方有关文件、文物保护、雾霾或环境保护造成停工等)(据实调整)的出现,合同的履行出现了如下困难:

(1)______________________________;

(2)______________________________。

上述情形给我公司造成了巨大的经济损失(具体损失金额详见附件),同时贵公司未及时通知给我公司造成了扩大损失(第4项、第5项情形出现扩大损失时适用,若不涉及可删除)(具体扩大损失金额详见附件),贵公司应承担赔偿责任。

请贵公司在收到本通知后____日内将赔偿款转入我公司指定账

户。如有异议,请于收到本通知书____日内书面提出,并提供相关佐证资料,否则视为贵公司认可我公司全部索赔内容。

特此通知!

账户:

账号:

开户行:

联系人:

联系电话:

________________公司

年　月　日

以上文件已收到,予以确认。

签收人:________________

年　月　日

三

专业分包合同履约证据收集清单及常用函件文本

(一)专业分包合同履约证据收集清单

1. 专业分包合同履约通用证据资料收集清单

序号	资料名称	具体内容
1	招投标文件	包括但不限于招标文件、投标文件、投标答疑、中标通知书、投标保证金支付凭证等
2	合同文件	包括但不限于专业分包合同、补充协议、履约保证金协议等
3	资信资料	包括但不限于营业执照、资质文件、法定代表人身份证明,授权委托书及被授权人身份证明等
4	往来函件	包括但不限于会议纪要、合同履行过程中的各类函件单据、相关方(发包方、监理方、设计方等)函件及签收证明等

续表

序号	资料名称	具体内容
5	工程资料	包括但不限于施工图、设计图、立项文件、开工许可证、施工组织设计方案等
6	物资设备资料	包括不限于进(出)场物资管理资料、现场物资清单、进(出)场设备管理资料、现场设备清单等
7	变更洽商资料	包括但不限于变更洽商单、变更计价单等
8	竣工资料	包括但不限于竣工图、竣工文件、验收单等
9	结算资料	包括但不限于结算协议、结算报告、结算单、批复报告、审计报告等
10	财务结算资料	包括但不限于付款申请、发票、汇票、支付凭证等
11	质保资料	包括但不限于保修合同、质保金及返还相关文件等

2. 总包方违约证据资料收集清单

序号	违约事项	资料名称	收集方式
1	未按合同约定提供施工现场条件，造成分包方工期延误	1. 合同资料； 2. 往来函件等资料	1. 收集分包合同及补充协议中关于施工现场、工期的相关条款的资料； 2. 收集因发包方或第三方原因造成无法提供施工现场条件的证据资料； 3. 及时与分包方协商，就是否延长工期达成补充协议，保存沟通协议资料，包括但不限于通话录音、手机短信、往来函件、数据电文等
2	未按时验收，造成工期延误	1. 合同资料； 2. 分包方提交的验收资料	1. 收集分包合同及补充协议中关于验收、工期的相关条款的资料； 2. 收集因发包方或第三方原因造成无法按时进行验收的证据资料； 3. 及时与分包方协商，就是否延长工期达成补充协议，保存沟通协议资料，包括但不限于通话录音、手机短信、往来函件、数据电文等
3	未按合同约定进行技术、安全、质量交底	1. 分包合同； 2. 交底资料	1. 收集分包合同及补充协议中相应条款的资料； 2. 收集因发包方或第三方原因造成无法进行或无法及时进行技术、安全、质量交底的证据； 3. 对逾期进行交底的，及时与分包方协商一致后，进行交底

续表

序号	违约事项	资料名称	收集方式
4	未按合同约定提供周转材料	1. 分包合同; 2. 总包方提供周转材料清单	1. 收集分包合同及补充协议中相应约定条款的资料; 2. 收集周转材料清单; 3. 收集因第三方原因造成无法提供或及时提供周转材料的证据,如第三方交货迟延的证据; 4. 收集取得分包方同意的书面确认资料
5	因总包方原因,造成分包方人员、机械停工窝工	1. 分包合同; 2. 往来函件等资料	1. 收集分包合同及补充协议中关于停窝工及违约责任的条款的资料; 2. 收集分包方上报投入人员、设备数量资料,并对施工现场分包方投入的设备进行录像、公证,防止其恶意主张损失; 3. 收集造成停窝工的原因证据,包括但不限于总包方原因、发包方原因、国家政策等,如发包方或第三方供料不及时,发包方要求停工,国家财政、环保、投融资政策收紧造成项目停工等; 4. 及时通知分包方,要求其合理调配人员、设备,防止损失扩大; 5. 与分包方协商一致后,及时签订退场协议,明确约定免除人员窝工和机械停工损失赔偿责任
6	未按合同约定进行材料调差	1. 分包合同; 2. 与发包方的建设工程施工合同	1. 收集建设工程施工合同、分包合同及补充协议中有关材料调差的约定条款的资料; 2. 收集发包方对材料调差范围、调差单价的通知; 3. 收集未按约定进行材料调差的原因证据,包括发包方未进行材料调差的原因证据; 4. 与分包方协商一致,及时签订退场协议,明确无材料调差情形

续表

序号	违约事项	资料名称	收集方式
7	未按约支付工程款	1. 合同资料； 2. 工程形象进度相关资料； 3. 往来函件； 4. 结算协议	1. 收集分包合同及补充协议中关于按工程节点支付工程款的相关约定资料； 2. 与分包方就变更付款事宜、免除违约责任沟通协商，签订书面协议或取得分包方单方免责承诺； 3. 收集工程形象进度的证据资料，包括但不限于工程形象进度计划、进度报告、进度验收、施工许可证等资料； 4. 结算协议应明确约定免除总包方相关违约责任
8	未退还质量保证金	1. 合同资料； 2. 竣工验收资料、质量保修承诺书； 3. 结算资料； 4. 第三方检测资料； 5. 往来函件； 6. 存在质量问题的证明材料	1. 收集建设工程施工合同、分包合同及补充协议中的有关质量保证金返还条款的资料； 2. 收集建设工程施工合同、分包合同及补充协议中质量保修承诺条款的资料，专业分包工程交工资料等，确定质保期起算点； 3. 收集未返还质量保证金的原因证据，如未达到合同约定的支付条件、工程在质保期内存在质量问题等； 4. 如果工程在质保期内存在问题，需要对出现质量问题的工程部分进行拍照录像，必要时请第三方质量检测机构检测，针对检测结果，需要出具维修方案的商请设计单位出具方案； 5. 收集书面通知分包方进行修复的证据，包括但不限于文件签收单、快递签收回执。委托第三方修复的，注意收集委托第三方进行工程修复的合同、计价和付款资料，确定质量保证金应扣除的金额

注：1. 有效送达方式：书面函件有效送达方式包括但不限于现场送达并签收、邮寄送达、公证送达、律师见证送达，双方确认的电子邮件或传真等。

2. 书证资料应尽量保存原件，复印件须与原件核对无误并经相关方加盖公章或签字确认，签字应有相应的授权委托手续或文件。

3. 需邮寄的函件、通知等文件，须由中国邮政 EMS 邮寄，清楚完整填写邮寄底单，注明邮寄文件的具体名称；书证资料须保存经相关责任人签字盖章的原件；视听资料采集须经公证机关公证，并符合证据规则的相关要求。

4. 保留存有短信记录、视听资料、电子数据的原始载体。

5. 资金往来证明可以向法院申请协助取证。

3. 专业分包方违约证据资料收集清单

序号	违约事项	资料名称	收集方式	推荐使用函件文本
1	向总包方提供虚假投标资料	1. 投标承诺; 2. 虚假资料; 3. 损失资料	1. 收集投标承诺书中分包方作出的有关资料真实、合法的承诺资料; 2. 收集分包方提供的虚假资料,包括但不限于虚假的营业执照、资质文件、法定代表人身份证明、授权委托书及被授权人身份证明等; 3. 违约事项影响中标的,书面通知分包方取消中标资格,收集因此导致总包方产生损失的相关证据,包括但不限于重新招标增加费用、工期延误等; 4. 证据齐备后,向分包方有效送达函件("有效送达"方式见注释),及时主张权利,或通过通话录音、发送短信、电子邮件、传真等方式,有效固定相关证据,并避免超过诉讼时效	1. 取消中标资格通知书

续表

序号	违约事项	资料名称	收集方式	推荐使用函件文本
2	未缴纳或未足额缴纳履约保证金	1. 招标文件； 2. 投标文件； 3. 中标通知书； 4. 损失资料	1. 收集招标文件关于履约保证金的相关条款资料； 2. 违约事项发生后，向分包方有效送达函件（“有效送达”方式见注释），及时通知分包方缴纳或足额缴纳履约保证金，明确缴纳期限及违约责任； 3. 分包方拒绝缴纳的，书面通知取消其中标资格，收集因此导致总包方产生损失的相关证据，包括但不限于重新招标增加费用、工期延误等； 4. 证据齐备后，向分包方有效送达函件（“有效送达”方式见注释），及时主张权利，或通过通话录音、发送短信、电子邮件、传真等方式，有效固定相关证据，并避免超过诉讼时效	2. 缴纳履约保证金通知书

续表

序号	违约事项	资料名称	收集方式	推荐使用函件文本
3	未按合同约定日期开工	1. 合同资料; 2. 开工资料; 3. 往来函件; 4. 损失资料	1. 收集分包合同以及补充协议等有关计划开工日期和违约责任等相关条款资料; 2. 收集总包方正式下达的开工令或开工通知,经监理方工程师或发包方代表确认的开工令或开工通知等资料; 3. 收集关于分包方未按合同约定开工的往来函件、会议纪要、通话录音、短信记录等资料; 4. 违约事项发生后,总包方可以向分包方或监理方单位有效送达函件(“有效送达”方式见注释),及时主张权利,如要求尽快开工、工期调整、承担违约损失、调整工程价款等,或通过通话录音、发送短信、电子邮件、传真等方式,有效固定相关证据,并避免超过诉讼时效; 5. 收集因分包方未按合同约定日期开工给总包方造成的相关损失资料,如开工延迟导致工期及费用增加等证明材料	3. 尽快开工通知书

续表

序号	违约事项	资料名称	收集方式	推荐使用函件文本
4	工期延误	1. 合同资料; 2. 开工资料; 3. 往来函件; 4. 损失资料	1. 收集分包合同及补充协议中有关计划开工日期、计划竣工日期、工程总工期、工期变更条件和违约责任的条款资料; 2. 收集补充协议、会议纪要、往来函件中有关节点工期、工期变更的条款资料; 3. 收集实际进场日期和竣工日期的证据,包括但不限于进场人员、机械设备的签认资料、竣工验收通知书、竣工验收报告及实际交付日期等; 4. 收集施工记录、施工日志等现场资料文件,据此计算工期延误的实际天数,也可以要求分包方出具书面的情况说明或报告,将延误的事实以书面形式有效固定; 5. 收集发包方因工期延误对总包方下发的处罚资料及总包方因此承担违约责任的证据资料; 6. 造成总包方损失的,应向分包方有效送达函件("有效送达"方式见注释),及时进行索赔,索赔文件中应载明工期延误的具体情况、造成损失、应予支付的违约金数额等相关事项,或通过通话录音、发送短信、电子邮件、传真等方式,有效固定相关证据,并避免超过诉讼时效; 7. 工期延误达到合同变更解除	4. 关于加快工程进度的函

续表

序号	违约事项	资料名称	收集方式	推荐使用函件文本
			的条件,总包方应及时向分包方发出变更或者解除合同通知书,并有效送达	
5	投入的物资设备不符合合同约定	1. 合同资料; 2. 物资设备清单; 3. 不合格材料的检验报告; 4. 往来函件; 5. 损失资料	1. 收集分包合同及补充协议中关于分包方投入物资设备的要求,以及特种设备操作的相关条款资料; 2. 收集设备进场的签认资料,所有进场设备要求分包方提供出厂设备合格证,如是自有设备,应提供权属证明;如是租赁设备,需要提供租赁合同复印件; 3. 对不合格材料进行拍照、封存、取样、送检,封存、送检的样品要求分包方确认; 4. 明确不符合约定的物资设备种类、规格、数量,因此给总包方造成损失的,还应收集损失的证据资料; 5. 收集发包方因分包方投入物资设备不符合约定,对总包方下发的处罚资料及总包方因此承担违约责任的证据资料; 6. 违约事项发生后,总包方可以向分包方有效送达函件("有效送达"方式见注释),通知分包方撤换不符合规定的设备,更换不合格材料,或通过通话录音、发送短信、电子邮件、传真等方式,有效固定相关证据,并避免超过诉讼时效	5. 物资设备整改通知书

续表

序号	违约事项	资料名称	收集方式	推荐使用函件文本
6	投入的人员不符合合同约定	1. 合同资料; 2. 分包方投入人员名册; 3. 往来函件; 4. 损失资料	1. 收集分包合同及补充协议中关于分包方投入人员要求的相关条款资料; 2. 收集分包方进场时,报送的人员资料,包括但不限于人员劳动合同、人员身份证复印件、主要负责人的任职资格等; 3. 违约事项发生后,应向分包方有效送达函件("有效送达"方式见注释),要求其更换不符合合同要求的人员,可通过通话录音、发送短信、电子邮件、传真等方式,有效固定相关证据,并避免超过诉讼时效; 4. 收集因分包方投入人员不符合约定,总包方因此受到的发包方、行政机关等部门处罚及向发包方承担违约责任的证据资料	6. 现场投入人员整改通知书

续表

序号	违约事项	资料名称	收集方式	推荐使用函件文本
7	转包或违法分包	1. 合同资料; 2. 转包或违法分包证据资料; 3. 第三方计价资料; 4. 损失资料	1. 收集分包合同及补充协议中禁止转包或违法分包的相应条款资料; 2. 收集能够证明分包方转包或违法分包的证据资料,包括但不限于与第三方之间的合同、往来函件、计价资料、资金往来等;对现场进行调查走访,收集证人证言、录音录像,注意保存原始载体,有效固定证据; 3. 收集全部进场人员资料,包括但不限于劳动合同、身份证复印件、工资卡复印件、工资发放记录等; 4. 收集相应损失证据,编制损失数额,向分包方有效送达("有效送达"方式见注释),要求其限期改正,并主张违约责任和赔偿责任,符合解除合同条件的,还可以主张解除合同,强制退场。分包方退场时,做好工程结算和合同封闭工作	7. 解除合同通知书(转包或违法分包适用)

续表

序号	违约事项	资料名称	收集方式	推荐使用函件文本
8	未按施工图、施工技术规范和技术交底要求、合同约定的验收标准组织施工	1. 合同资料; 2. 施工图、施工技术规范、技术交底资料、验收标准; 3. 监理方记录、监理方整改通知、工程验收不合格的证明材料; 4. 损失资料	1. 收集分包合同及补充协议中未按施工图、施工技术规范、技术交底要求、合同约定标准组织施工的违约责任条款资料; 2. 收集相应施工图、施工技术资料、规范、验收标准,并对施工现场进行拍照、录像,必要时可以要求监理方出具证明; 3. 收集因未按施工图、施工技术规范和技术交底要求、验收标准组织施工,导致工程质量未能通过验收的相关证据; 4. 违约事项发生后,应向分包方有效送达函件("有效送达"方式见注释)要求其尽快整改,收集保存分包方进行修复的相关证据; 5. 如果造成损失的,还应收集相应损失证据,并向分包方书面索赔	8. 限期整改通知书(未按标准施工适用)

续表

序号	违约事项	资料名称	收集方式	推荐使用函件文本
9	拒不执行工程设计变更指令	1. 合同资料; 2. 设计变更通知; 3. 设计变更图; 4. 监理方指令; 5. 损失资料	1. 收集分包合同及补充协议中分包方必须执行设计变更的相应条款及违约责任资料; 2. 收集设计变更图纸资料、指令等工程设计变更证据; 3. 对施工现场进行拍照、录像,必要时可以要求监理方见证并出具证明; 4. 违约事项发生后,应向分包方有效送达函件("有效送达"方式见注释),要求其限期整改,可以通过通话录音、发送短信、电子邮件、传真等方式,有效固定相关证据,并避免超过诉讼时效; 5. 如果造成损失的,还应收集相应损失证据,并向分包方要求赔偿	9. 限期整改通知书(拒不执行工程设计变更适用)

续表

序号	违约事项	资料名称	收集方式	推荐使用函件文本
10	总包方或监理方验收不合格	1. 合同资料; 2. 监理方日志; 3. 验收不合格的证明材料; 4. 损失资料	1. 收集分包合同及补充协议中关于工程验收的相关条款及违约责任资料; 2. 收集工程质量不合格、未能通过验收,分包方返工的证据; 3. 收集与分包方、监理方之间的往来函件、会议纪要等文件; 4. 违约事项发生后,应向分包方有效送达函件("有效送达"方式见注释),要求其限期整改,可以通过通话录音、发送短信、电子邮件、传真等方式,有效固定相关证据,并避免超过诉讼时效; 5. 如果造成损失的,还应收集相应损失证据,并向分包方要求赔偿	10. 限期整改通知书(总包方或监理方验收不合格适用)
11	工程质量不合格	1. 合同资料; 2. 工程质量验收标准、材料验收标准; 3. 施工技术规范、施工图; 4. 监理方记录、监理方指令、罚款单; 5. 不合格材料送检报告; 6. 现场照片或录像; 7. 损失资料	1. 收集分包合同及补充协议中工程质量验收标准的相关条款资料; 2. 收集工程验收不合格的证据资料,包括但不限于工程施工现场照片、工程所用材料不合格照片、工程质量检测报告及现场人员证人证言等,必要时可要求监理方、设计方和发包方共同见证; 3. 如果造成损失的,还应收集相应损失证据,并向分包方要求赔偿	11. 不合格工程整改通知书

续表

序号	违约事项	资料名称	收集方式	推荐使用函件文本
12	分包方不配合进行验收	1. 合同资料； 2. 要求分包方提交验收资料的书面通知； 3. 工程未能通过验收的证明； 4. 损失资料	1. 收集分包合同及补充协议中有关提交工程资料、工程竣工验收的相关条款资料； 2. 收集发包方、监理方的有关要求进行工程验收的文件、通知； 3. 收集工程未能通过验收的证据资料，以及现场未能通过验收部分工程的照片； 4. 收集工程未能通过验收造成总包方损失的证据，并及时向分包方有效送达函件（“有效送达”方式见注释）主张赔偿	12. 尽快配合验收通知书

续表

序号	违约事项	资料名称	收集方式	推荐使用函件文本
13	未按合同约定进行安全文明、环保施工	1. 合同资料； 2. 安全防护现场照片； 3. 双方签订的《建设工程承发包安全管理协议》； 4. 安全文明、环保施工协议； 5. 损失资料	1. 收集分包合同及补充协议中有关安全文明、环保施工的条款资料，以及发包方、政府公布的有关安全文明、环保施工的通知文件； 2. 收集施工现场录像、照片等视听资料，保存录像拍照的原始载体； 3. 收集因分包方未按合同约定的安全文明、环保施工要求，导致总包方被政府处罚的相关证据资料； 4. 违约事项发生后，应向分包方有效送达函件（“有效送达”方式见注释），要求其限期整改，可以通过通话录音、发送短信、电子邮件、传真等方式，有效固定相关证据，并避免超过诉讼时效； 5. 如果造成损失的，还应收集相应损失证据，并向分包方有效送达书面索赔文件	13. 限期整改通知书（违反安全文明、环保施工适用）

续表

序号	违约事项	资料名称	收集方式	推荐使用函件文本
14	违反施工现场文物保护有关规定	1. 合同资料; 2. 现场照片; 3. 国家文物行政机关的认定资料; 4. 损失资料	1. 收集分包合同及补充协议中关于文物保护的相关条款资料; 2. 发现文物的,应及时向有关部门书面报告,并对施工现场进行封锁、拍照、录像; 3. 分包方违反文物保护规定,导致总包方受到发包方、国家机关等部门处罚的,收集相应处罚资料; 4. 通过现场调查走访,收集分包方违反文物保护规定的证人证言,现场照片录像等证据资料,注意保存录音录像的原始载体; 5. 文物保护事件发生后,应向分包方有效送达函件("有效送达"方式见注释),要求遵守有关规定,封锁保护现场,及时向有关部门报告,也可以通过通话录音、发送短信、电子邮件、传真等方式,有效固定相关证据,并避免超过诉讼时效; 6. 如果造成损失的,还应收集相应损失证据,并向分包方有效送达书面索赔文件	14. 关于做好现场文物保护的函

续表

序号	违约事项	资料名称	收集方式	推荐使用函件文本
15	瞒报安全责任事故	1. 合同资料; 2. 安全质量标准、安全生产责任书; 3. 监理方日志、报警记录; 4. 损失资料	1. 收集分包合同及补充协议中相关条款及违约责任资料; 2. 安全责任事故发生后,要及时封锁现场,向有关部门书面报告,并对施工现场进行拍照、录像; 3. 通过对现场调查走访,取得分包方隐瞒不报的证人证言,或者录音录像等证据资料,注意保存录音录像的原始载体; 4. 收集因瞒报安全责任事故导致总包方被处罚的有关证据资料; 5. 违约事项发生后,应向分包方有效送达函件("有效送达"方式见注释),及时索赔,也可以通过通话录音、发送短信、电子邮件、传真等方式,有效固定相关证据,并避免超过诉讼时效	15. 索赔通知书(瞒报安全责任事故适用)

续表

序号	违约事项	资料名称	收集方式	推荐使用函件文本
16	未按合同约定使用领用的甲方提供的材料	1. 合同资料； 2. 甲方提供的材料清单； 3. 发料单、领料单、材料数量核算表	1. 收集分包合同及补充协议中有关材料使用、损耗率等内容的相关条款及违约责任资料； 2. 根据分包方领料单，核算出超耗材料的数量及金额，并要求分包方签认； 3. 对超耗材料按照约定进行扣款，并要求分包方签认	16. 扣款通知书
17	倒卖领用的总包方材料	1. 合同资料； 2. 材料发放单、领用单； 3. 材料盘点、现场照片、举报材料、报警材料； 4. 损失材料	1. 收集分包合同及补充协议中关于材料使用的相关条款及违约责任资料； 2. 收集分包方领用的材料数量、使用于工程中的材料数量的证据资料； 3. 通过对材料清点，以及分包方的供述，第三人的证人证言等证据计算出分包方倒卖材料的数量和金额； 4. 向分包方有效送达函件（“有效送达”方式见注释），要求赔偿损失； 5. 必要时，及时向当地公安机关报案，请求协助调查取证，查明事实	17. 索赔通知书（倒卖领用的总包方材料适用）

续表

序号	违约事项	资料名称	收集方式	推荐使用函件文本
18	擅自停工、阻工、退场解除合同	1. 合同资料； 2. 机械设备进场签认表、设备运转记录； 3. 分包方人员花名册、考勤表； 4. 施工日志、往来函件、监理方证明； 5. 解除合同的通知及送达回证、现场照片或录像； 6. 损失资料	1. 收集分包方擅自停工、阻工、退场的证据，包括现场照片、录像，监理方的证明等； 2. 收集分包方停工、阻工、退场的原因，以及停工人员、设备数量和天数等资料； 3. 收集双方协商记录，做好记录和签认工作； 4. 收集分包方停工、阻工、退场给总包方造成损失的有关证据及相关部门因此作出的处罚文件，向分包方有效送达函件（“有效送达”方式见注释），要求赔偿损失； 5. 如果停工天数达到了约定的合同解除天数，总包方应选择书面解除合同，并将解除合同通知书有效送达，如果阻工影响合同工期需要强制清退出场，为避免损失扩大和对方恶意索赔，可以采取财产保全措施	18. 解除合同通知书（擅自停工、阻工、退场适用）； 28. 索赔通知书（通用）

续表

序号	违约事项	资料名称	收集方式	推荐使用函件文本
19	拖欠农民工工资	1. 合同资料； 2. 劳务人员资料； 3. 考勤表、农民工工资发放记录或台账； 4. 工程清单、结算单和付款凭证； 5. 政府有关会议纪要	1. 收集分包合同及补充协议中农民工工资发放的相关条款及违约责任资料； 2. 收集分包方按合同约定按时报送劳务人员花名册、考勤表和工资发放记录，保持数据动态更新； 3. 收集分包方拖欠劳务人员工资的证据，对恶意讨薪的农民工及时做好疏通解释工作，对不听劝阻进行闹事的及时报警处置，并做好现场拍照录像工作； 4. 向分包方有效送达函件（“有效送达”方式见注释），要求其及时支付农民工工资，并追究其违约责任； 5. 必要时可以在应付工程款范围内代付农民工工资，并要求分包方出具付款委托书； 6. 总包方代付农民工工资后，应书面通知分包方，将代付工资在分包方工程结算款中予以扣除	19. 及时支付农民工工资通知书

续表

序号	违约事项	资料名称	收集方式	推荐使用函件文本
20	不履行工程保修义务	1. 合同资料； 2. 交工验收证书、质量保修承诺书； 3. 发包方的维修通知、现场照片； 4. 发包方或总包方委托第三方进行工程修复的合同、维修价款及付款凭证	1. 收集分包合同及补充协议中缺陷责任期、工程保修条款资料，分包方作出的工程质量保修承诺条款资料； 2. 对出现质量问题的工程部分进行拍照录像，必要时请第三方质量检测机构检测，针对检测结果，需要出具方案的商请设计单位出具维修方案； 3. 收集发包方、监理方出具的有关工程出现质量问题的通知、函件； 4. 向分包方有效送达函件（“有效送达”方式见注释），要求其履行维修义务； 5. 分包方拒绝维修的，可以选择第三方进行维修，注意收集与第三方之间的合同、计价资料和付款凭证	20. 工程维修通知书； 28. 索赔通知书（通用）
21	未按合同约定开具真实、合格发票	1. 合同资料； 2. 不合格发票、虚假发票； 3. 税务机关的证明； 4. 损失资料	1. 收集分包合同及补充协议中按时开具真实、合格发票的相关条款资料； 2. 收集发票不能通过税务机关认证的资料； 3. 收集总包方损失资料，包括但不限于因发票不合格导致不能抵扣或不能及时抵扣进项税额、产生滞纳金、出现罚金等证据资料； 4. 向分包方有效送达函件（“有效送达”方式见注释），要求其及时开具发票、更换发票，并向其主张赔偿损失	21. 尽快开具合格发票通知书

续表

序号	违约事项	资料名称	收集方式	推荐使用函件文本
22	擅自以总包方名义从事活动	1. 合同资料； 2. 分包方以总包方名义签认或出具的资料； 3. 第三方证言； 4. 举报材料	1. 收集分包合同及补充协议中禁止分包方以总包方名义从事活动的条款资料，以及相应的违约条款资料； 2. 收集分包方以总包方名义从事活动的证据资料，包括分包方以此出具的资料、第三方的证明、证人证言等； 3. 发现分包方以总包方名义从事活动，应及时向有关方面发函，说明假冒事实； 4. 给总包方造成不良影响或经济损失的，应及时向分包方有效送达函件（“有效送达”方式见注释），通知其停止违法行为，并追究分包方有关责任，必要时向公安机关报警，并保存损失证据及报警记录	22. 停止违法行为告知书

续表

序号	违约事项	资料名称	收集方式	推荐使用函件文本
23	泄露总包方商业机密	1. 合同资料； 2. 泄露的商业机密的内容； 3. 第三方的证明或举报材料； 4. 损失资料	1. 收集分包合同及补充协议中关于商业秘密保护的相关条款和违约责任资料； 2. 收集泄露的商业机密内容，可以通过录音录像、公证、委托律师调查等方式从第三方处获得相应资料，明确泄密范围； 3. 收集总包方对该商业机密所采取的保密措施，包括保密制度，所采取的技术保密手段等； 4. 收集因商业机密被泄露所造成的损失证据，并向分包方有效送达函件（“有效送达”方式见注释），主张索赔	23. 索赔通知书（违反保密条款适用）

注：1. 有效送达方式：书面函件有效送达方式包括但不限于现场送达并签收、邮寄送达、公证送达、律师见证送达，双方确认的电子邮件或传真等。

2. 书证资料应尽量保存原件，复印件须与原件核对无误并经相关方加盖公章或签字确认，签字应有相应的授权委托手续或文件。

3. 需邮寄的函件、通知等文件，须由中国邮政 EMS 邮寄，清楚完整填写邮寄底单，注明邮寄文件的具体名称；书证资料须保存经相关责任人签字盖章的原件；视听资料采集须经公证机关公证，并符合证据规则的相关要求。

4. 保留存有短信记录、视听资料、电子数据的原始载体。

5. 资金往来证明可以向法院申请协助取证。

4. 其他事由导致合同部分或全部不能履行证据资料收集清单

序号	事项	资料名称	收集方式	推荐使用函件文本
1	不可抗力导致合同部分不能履行	1. 合同资料； 2. 合同部分不能履行的相关资料； 3. 往来函件等资料； 4. 损失资料； 5. 索赔资料	1. 收集分包合同以及补充协议中关于不可抗力事由、不可抗力责任承担等相关条款资料； 2. 收集因不可抗力导致的合同部分不能履行的相关资料，主要包括构成不可抗力的事由及依据、合同不能履行部分的内容等； 3. 注意收集和保留与分包方因不可抗力导致合同部分不能履行事宜进行交涉的往来函件、会议纪要、通话录音、短信记录等资料； 4. 不可抗力事由发生后，总包方可以向分包方有效送达函件（“有效送达”方式见注释），及时交涉因不可抗力导致合同部分不能履行的相关事宜，或通过通话录音、发送短信、电子邮件、传真等方式，有效固定相关证据，并避免超过诉讼时效； 5. 收集不可抗力导致合同部分不能履行或分包方应对不当给总包方造成的相关损失资料，如合同不能履行部分对工期的影响，合同不能履行部分所涉的工程量及工程造价等； 6. 总包方按照分包合同及补充协议要求及时发送索赔资料，并固定和保存相关证据	24. 合同履行调整通知书(不可抗力适用)； 28. 索赔通知书(通用)

续表

序号	事项	资料名称	收集方式	推荐使用函件文本
2	不可抗力导致合同全部不能履行	1.合同资料; 2.合同全部不能履行的相关资料; 3.合同解除或终止资料; 4.往来函件等资料; 5.损失资料; 6.索赔资料	1.收集分包合同以及补充协议等约定的关于不可抗力界定、不可抗力责任承担等相关条款资料; 2.收集因不可抗力导致的合同全部不能履行的相关资料,主要包括构成不可抗力的事由及依据、合同全部不能履行的原因及依据等; 3.注意收集和保留与分包方因不可抗力导致合同全部不能履行事宜进行交涉的往来函件、会议纪要、通话录音、短信记录等资料; 4.不可抗力事由发生后,总包方可以向分包方有效送达函件("有效送达"方式见注释),及时交涉因不可抗力导致合同全部不能履行的相关事宜,或通过通话录音、发送短信、电子邮件、传真等方式,有效固定相关证据,并避免超过诉讼时效; 5.收集因不可抗力导致合同全部无法履行后,双方就合同解除或终止进行协商的往来函件、会议纪要等; 6.收集不可抗力导致合同全部不能履行或分包方应对不当给总包方造成的相关损失资料,如损失明细及说明等; 7.总包方按照分包合同等要求及时报送索赔资料,并固定和保存相关证据	25.解除合同通知书(不可抗力适用); 28.索赔通知书(通用)

续表

序号	事项	资料名称	收集方式	推荐使用函件文本
3	情势变更导致合同部分不能履行	1. 合同资料； 2. 变更合同资料； 3. 情势变更资料； 4. 损失资料； 5. 索赔资料	1. 收集分包合同以及补充协议中关于情势变更等相关条款资料； 2. 收集国家政策文件、行业政策文件、地方政府及主管机关通知、发包方有关文件、文物保护、雾霾或环境保护造成停工等资料，以确定存在情势变更情形； 3. 积极与分包方协商变更合同中关于因情势变更导致总包方无法履行合同的部分条款，并做好损失承担与责任分配事宜； 4. 收集因情势变更导致总包方损失的资料，如工期、停窝工损失、费用增加等资料； 5. 总包方按照分包合同等要求及时发送索赔资料，固定保存相关证据	26. 变更/补充协议（情势变更适用）； 28. 索赔通知书（通用）

续表

序号	事项	资料名称	收集方式	推荐使用函件文本
4	情势变更导致合同全部不能履行	1. 合同资料; 2. 情势变更文件; 3. 提前终止或解除合同资料; 4. 损失资料; 5. 索赔资料	1. 收集分包合同以及补充协议中关于情势变更等相关条款资料; 2. 收集国家政策文件、行业政策文件、地方政府及主管机关通知、发包方有关文件、项目无法继续推进、文物保护、雾霾或环境保护造成停工等资料,以确定存在情势变更情形; 3. 如因情势变更导致总包方无法履行合同,应积极与分包方协商提前终止或解除合同,并做好相关结算工作; 4. 收集因情势变更导致总包方损失的资料,如工期、停窝工损失、费用增加等资料; 5. 总包方按照分包合同等要求及时发送索赔资料,固定保存相关证据	27. 关于协商解除合同的函(情势变更适用); 28. 索赔通知书(通用)

注:1. 有效送达方式:书面函件有效送达方式包括但不限于现场送达并签收、邮寄送达、公证送达、律师见证送达,双方确认的电子邮件或传真等。

2. 书证资料应尽量保存原件,复印件须与原件核对无误并经相关方加盖公章或签字确认,签字应有相应的授权委托手续或文件。

3. 需邮寄的函件、通知等文件,须由中国邮政 EMS 邮寄,清楚完整填写邮寄底单,注明邮寄文件的具体名称;书证资料须保存经相关责任人签字盖章的原件;视听资料采集须经公证机关公证,并符合证据规则的相关要求。

4. 保留存有短信记录、视听资料、电子数据的原始载体。

5. 资金往来证明可以向法院申请协助取证。

(二)专业分包合同常用函件文本

1.取消中标资格通知书

________公司:

我公司于____年___月___日向贵公司发出《中标通知书》,由贵公司承担____项目____专业分包施工任务,但贵公司出现(投标/竞争性谈判时提供虚假的营业执照、资质文件、法定代表人身份证明、授权委托书、被授权人身份证明)(此处据实调整)情形,违反了相关法律法规规定及投标承诺,现郑重通知取消贵公司中标资格。

贵公司的不诚信行为,我公司需重新选择专业分包单位或采取其他补救措施,导致工期延误___天,增加了重新招标的有关费用,同时给我公司造成经济损失(具体费用及损失详见附件),对此,我公司保留向贵公司索赔的权利。

特此通知!

联系人:

联系方式:

________公司

年 月 日

以上文件已收到,予以确认。

签收人:________

年 月 日

2. 缴纳履约保证金通知书

________________公司：

根据我公司与贵公司于________年____月____日签订的《________专业分包合同》（合同编号：_______）第____条关于（履约保证金的条款）（据实调整）的约定，贵公司应在________年____月____日前补足/缴纳履约保证金，但截至目前，贵公司仍未履行上述合同义务。

请贵公司在收到本通知后____日内补足/缴纳履约保证金；如____日内仍未补足/缴纳，我公司将开始从首次验工计价应付款中扣除，直至足额扣完为止。

特此通知！

联系人：

联系方式：

________________公司

年 月 日

以上文件已收到，予以确认。

签收人：________________

年 月 日

3.尽快开工通知书

________公司：

根据我公司与贵公司于____年__月__日签订的《____专业分包合同》(合同编号：____)第____条(关于工期及违约责任的条款)(据实调整)的约定，开工日期为____年__月__日。

但截至____年__月__日，贵公司仍未进场开工。现我公司要求贵公司在收到本通知后立即组织进场施工，并在收到本通知后__日内向我公司缴纳违约金__元。若贵公司在收到本通知后__日内仍未开工，我公司将有权解除与贵公司签订的合同并要求贵公司赔偿相应的经济损失。

特此通知！

联系人：

联系方式：

________公司

年　月　日

以上文件已收到，予以确认。

签收人：________

年　月　日

4.关于加快工程进度的函

________公司：

根据我公司与贵公司于____年____月____日签订的《____专业分包合同》（合同编号：____）第____条关于____约定，贵公司应于____年____月____日完成（填写工程进度要求），但目前工程进度严重滞后。

现要求贵公司按照以下要求，合理进行施工组织、增加施工作业人员，加快现有施工进度：

1.贵公司施工的____工程于____年____月____日全部完成；

2.抓紧组织____工程施工，合理组织施工作业人员抢赶工期，保质保量地保证施工进度；确保贵公司施工范围内____工程于____年____月____日完成全部施工任务。

因贵公司不能满足施工进度节点要求而产生的相关费用或造成的损失（具体费用及损失明细详见附件），均由贵公司承担。

望贵公司本着友好合作的原则，在收到本函后尽快解决工程进度问题，并书面回函说明贵公司所采取的有针对性的管理措施。

特此函告！

联系人：

联系方式：

________公司/项目部

年 月 日

以上文件已收到，予以确认。

签收人：________

年 月 日

5.物资设备整改通知书

________公司：

根据我公司与贵公司于______年____月____日签订的《______专业分包合同》(合同编号：______)第______条关于______的约定，现贵公司负责提供的(材料、设备名称)不符合______的要求。

贵公司应在收到本通知后立即撤换不合格的材料设备，并承担由此增加的相关费用及给我公司造成的一切经济损失。

特此通知！

联系人：

联系方式：

________公司/项目部

年　月　日

以上文件已收到，予以确认。

签收人：________

年　月　日

6. 现场投入人员整改通知书

________________公司：

根据我公司与贵公司于________年____月____日签订的《________专业分包合同》（合同编号：________）第____条关于________的约定，现贵公司投入的________人员不符合________的要求，贵公司应在收到本通知后立即更换/补充现场人员。

特此通知！

联系人：

联系电话：

________________公司/项目部

年 月 日

以上文件已收到，予以确认。

签收人：________________

年 月 日

7. 解除合同通知书

（转包或违法分包适用）

________公司：

根据我公司与贵公司于______年____月____日签订的《________专业分包合同》（合同编号：________）第____条（关于解除合同的条款）（据实调整）的约定，现贵公司将本合同项下的（施工内容）转包（或分包）给________，已构成根本违约。

我公司现通知贵公司解除合同，没收贵公司提交的履约保证金____元，同时，贵公司应赔偿给我公司造成的全部经济损失。

特此通知！

联系人：

联系电话：

________公司

年　月　日

以上文件已收到，予以确认。

签收人：________

年　月　日

8. 限期整改通知书

（未按标准施工适用）

________________公司：

我公司与贵公司于________年____月____日签订《________专业分包合同》（合同编号：________），现由于贵公司未按施工图、施工技术规范和技术交底要求、验收标准组织施工，________工程未能通过验收。

根据合同第____条关于____________的约定，请贵公司在收到本通知后____日内完成整改，确保能够顺利通过验收。

特此通知！

联系人：

联系电话：

________________公司/项目部

年　月　日

以上文件已收到，予以确认。

签收人：________________

年　月　日

9.限期整改通知书

(拒不执行工程设计变更适用)

________公司:

根据我公司与贵公司于____年__月__日签订的《____专业分包合同》(合同编号:____)第__条关于____的约定,贵公司应在收到工程设计变更指令后,按要求立即执行工程设计变更。我公司于____年__月__日发出____工程设计变更指令后,截至目前已经过__天,贵公司仍未履行相关合同义务。

请贵公司在收到本通知后立即执行工程设计变更,并在__日内完成变更整改。

特此通知!

联系人:

联系电话:

________公司/项目部

年 月 日

以上文件已收到,予以确认。

签收人:________

年 月 日

10.限期整改通知书

（总包方或监理方验收不合格适用）

________________公司：

根据我公司与贵公司于________年____月____日签订的《________专业分包合同》（合同编号：________）第____条关于________的约定，由于贵公司所施工的________质量不符合要求，未能通过验收，请贵公司在收到此通知书后立即进行整改，并承担因整改发生的相应费用。

若贵公司收到此通知书后____日内仍未完成整改或整改后仍未通过验收，我公司将解除与贵公司签订的合同，并追究由此给我公司造成的一切经济损失。

特此通知！

联系人：

联系电话：

________________公司/项目部

年　月　日

以上文件已收到，予以确认。

签收人：________________

年　月　日

11. 不合格工程整改通知书

________________公司：

我公司与贵公司于________年____月____日签订《________专业分包合同》(合同编号：________)，根据合同约定的工程质量标准对贵公司承包工程进行验收后，验收质量为不合格。请贵公司在收到本通知后立即进行整改并在____日内整改完毕。

若贵公司拒绝整改、拖延整改或者整改质量不达标，我公司将直接委托第三方进行整改或采用其他补救方式，由此产生的相关费用及经济损失由贵公司承担。以上费用、损失等我公司有权在应付贵公司款项或贵公司交纳的履约保证金中直接扣除，不足部分有权要求贵公司另行支付。

特此通知！

联系人：

联系电话：

________________公司/项目部

年　月　日

以上文件已收到，予以确认。

签收人：________________

年　月　日

12. 尽快配合验收通知书

________________公司：

根据我公司与贵公司于________年____月____日签订的《________专业分包合同》（合同编号：________）第____条关于________的约定，现贵公司施工的________工程未提供完整的工程资料，需要补充________，请贵公司在收到本通知后于________年____月____日前向我公司提供竣工验收的相关工程资料。

若贵公司未按合同约定及时提供完整的工程资料，由此给我公司造成的一切经济损失均由贵公司承担。

特此函告！

联系人：

联系电话：

________________公司/项目部

年 月 日

以上文件已收到，予以确认。

签收人：________________

年 月 日

13.限期整改通知书

（违反安全文明、环保施工适用）

________________公司：

我公司与贵公司于________年____月____日签订《________专业分包合同》（合同编号：________），近期贵公司施工过程中出现____________情况。为加强项目管理，请贵公司在收到本通知后，限期于________年____月____日前完成整改。

若贵公司收到本通知后拒绝整改或超过限定整改期限未完成整改，根据合同约定，由此造成的罚款、环境污染、安全事故损失以及其他相关费用和经济损失等均由贵公司承担。

特此通知！

联系人：

联系电话：

________________公司/项目部

年　月　日

以上文件已收到，予以确认。

签收人：________________

年　月　日

14. 关于做好现场文物保护的函

________公司：

根据我公司与贵公司于____年____月____日签订的《____专业分包合同》（合同编号：____）第____条关于____的约定，近期贵公司施工过程中发现有____疑似文物古迹。请贵公司在收到本通知后立即做好现场文物保护工作，按文物行政部门要求采取妥善保护措施，防止任何人员移动或损坏上述物品。

若由于贵公司隐瞒不报或保护不及时，出现破坏、私自收藏、倒卖文物，或造成文物丢失、损坏的，应由贵公司赔偿损失，并承担相应的法律责任。

特此函告！

联系人：

联系电话：

________公司/项目部

年 月 日

以上文件已收到，予以确认。

签收人：________

年 月 日

15. 索赔通知书

（瞒报安全责任事故适用）

________________公司：

我公司与贵公司于________年____月____日签订《________专业分包合同》（合同编号：________），现由于贵公司瞒报________年____月____日项目现场发生的安全责任事故，对我公司产生了严重不利影响。

根据合同第____条关于________约定，由此造成的相关损失应由贵公司赔偿。请贵公司在收到本通知后____日内将赔偿款____元（具体明细详见附件）转入我公司指定账户。如有异议，请于收到本通知书后____日内书面提出，并提供相关佐证资料，否则视为贵公司认可我公司全部索赔内容。

特此通知！

账户：

账号：

开户行：

联系人：

电话：

________________公司

年　月　日

以上文件已收到，予以确认。

签收人：________________

年　月　日

16. 扣款通知书

__________________公司：

我公司与贵公司于________年____月____日签订《________专业分包合同》(合同编号：________)，现根据贵公司的领料单，经核算超耗材料的数量为________，金额为________。

根据合同第____条关于________的约定，该费用应由贵公司承担。我公司将在发出本通知后，从工程进度款中直接扣除此费用，工程款不足以扣除的，贵公司应向我公司支付差额。

特此通知！

联系人：

联系电话：

__________________公司/项目部

年 月 日

以上文件已收到，予以确认。

签收人：__________________

年 月 日

17. 索赔通知书

（倒卖领用的总包方材料适用）

________________公司：

我公司与贵公司于________年____月____日签订《________专业分包合同》（合同编号：________），现根据贵公司的材料领用单及对使用于工程中的材料进行盘点，发现贵公司未将领用的材料全部用于施工，经核算差额为____元。

根据合同第____条关于________的约定，该费用应由贵公司承担。我公司将在发出本通知后，从工程进度款中直接扣除此费用，工程款不足以扣除的，贵公司应向我公司支付差额。

特此通知！

联系人：

联系电话：

________________公司/项目部

年　月　日

以上文件已收到，予以确认。

签收人：________________

年　月　日

18. 解除合同通知书

（擅自停工、阻工、退场适用）

________公司：

我公司与贵公司于____年____月____日签订《____专业分包合同》（合同编号：____）及《补充协议》（合同编号：____）（以下简称《合同》）（此处据实调整），现贵公司自____年____月____日未经我公司同意，擅自停工、阻工、退场，严重影响了施工进度、拖延工期，给我公司造成了巨大经济损失。

根据合同约定，现我公司正式通知解除双方签订的____合同，并要求贵公司于____年____月____日前无条件退场，并赔偿给我公司造成的一切经济损失。

特此通知！

联系人：

联系电话：

________公司

年 月 日

以上文件已收到，予以确认。

签收人：________

年 月 日

19. 及时支付农民工工资通知书

________________公司：

我公司与贵公司于________年____月____日签订《________专业分包合同》（合同编号：________），现贵公司在施工过程中____（此处填写对方具体违约情形）____，导致部分农民工未收到工资，出现____（此处填写具体后果）____。

请贵公司在收到此通知书后，于________年____月____日前将拖欠的____元农民工工资支付到位；否则，我公司有权将应付贵公司的合同款项直接用于支付农民工工资。同时，政府部门责令我公司作为施工总承包单位承担的费用及由此产生的一切经济损失和法律风险均由贵公司承担。

特此通知！

联系人：

联系电话：

________________公司/项目部

年　月　日

以上文件已收到，予以确认。

签收人：________________

年　月　日

20.工程维修通知书

________________公司：

我公司与贵公司于________年____月____日签订《________专业分包合同》(合同编号：________)，现贵公司施工的________工程出现________问题(具体问题详见附件)需要维修，根据合同约定属于贵公司保修范围之内，请贵公司在收到本通知后____日内履行工程保修责任。

若贵公司拒绝维修、拖延维修或维修不达标准，我公司有权另行委托第三方进行维修，由此发生的费用及给我公司造成的损失均由贵公司承担。工程质量不符合要求又无法维修的，贵公司应赔偿包括但不限于发包人扣罚款等全部经济损失。以上费用、损失或赔偿等我公司有权在应付贵公司款项或贵公司交纳的履约保证金中直接扣除，不足部分有权要求贵公司另行支付。

特此通知！

联系人：

联系电话：

________________公司/项目部

年　月　日

以上文件已收到，予以确认。

签收人：________________

年　月　日

21.尽快开具合格发票通知书

________________公司：

根据我公司与贵公司于________年____月____日签订的《________专业分包合同》(合同编号：________)第____条关于________的约定，请贵公司在收到本通知后____日内开具合格发票。如____日内仍未开具，则根据合同约定，我公司有权暂停支付、延期支付、拒付相应款项(根据合同约定调整)。

特此通知！

联系人：

联系电话：

________________公司/项目部

年　月　日

以上文件已收到，予以确认。

签收人：________________

年　月　日

22. 停止违法行为告知书

________公司：

根据我公司与贵公司于____年____月____日签订的《____专业分包合同》(合同编号：____)第____条关于____的约定，现贵公司违背合同约定义务，以我公司名义从事____活动，对我公司正常生产经营产生了严重影响。

根据合同约定，请贵公司在收到本通知后立即停止违法行为。如收到通知后未采取相关措施并停止违法行为，由此造成的一切责任后果由贵公司承担，我公司将采取法律手段维护公司正当权益。

特此通知！

联系人：

联系电话：

________公司/项目部

年 月 日

以上文件已收到，予以确认。

签收人：________

年 月 日

23. 索赔通知书

（违反保密条款适用）

________________公司：

根据我公司与贵公司于________年____月____日签订的《________专业分包合同》（合同编号：________）第____条关于________的约定，现因贵公司________而违反保密条款，给我公司造成了严重的经济损失（损失明细详见附件）。根据合同约定，贵公司应予以赔偿。

请贵公司在收到本通知后____日内将赔偿款转入我公司指定账户。如有异议，请于收到本通知书____日内书面提出，并提供相关佐证资料，否则视为贵公司认可我公司全部索赔内容。

特此通知！

账户：

账号：

开户行：

联系人：

联系电话：

________________公司

年　月　日

以上文件已收到，予以确认。

签收人：________________

年　月　日

24. 合同履行调整通知书

（不可抗力适用）

________公司：

我公司与贵公司于____年____月____日签订《____专业分包合同》（合同编号：____），自____年____月____日以来，因__（不可抗力事由）__的出现，各地均出现____等情形，就合同的履行出现了如下困难：

1. ____________________；

2. ____________________。

因为上述情形，导致我公司无法依据原合同履行，不得不作如下调整：

1. 原合同第____条变更为____________________；

2. 原合同第____条变更为____________________；

3. 补充条款为____________________；

4. 删除原合同条款为____________________。

特此通知！

联系人：

联系电话：

________公司

年　月　日

以上文件已收到，予以确认。

签收人：________

年　月　日

25. 解除合同通知书

（不可抗力适用）

________公司：

我公司与贵公司于____年__月__日签订《____专业分包合同》（合同编号：____）及《补充协议》（合同编号：____）（以下简称《合同》）（此处据实调整）。自____年__月__日以来，因__（不可抗力事由）__的出现，各地均出现____等情形，就合同的履行出现了如下困难：

1. ________________________________；

2. ________________________________。

根据《民法典》第563条的规定，有下列情形之一的，当事人可以解除合同：因不可抗力致使不能实现合同目的的。

上述情形已构成不可抗力，且导致合同目的无法实现。为减少双方的合同损失，现我公司正式通知贵公司合同于____年__月__日解除。

特此通知！

联系人：

联系电话：

________公司

年 月 日

以上文件已收到，予以确认。

签收人：________

年 月 日

26. 变更/补充协议

（情势变更适用）

甲方：________________

乙方：________________

经甲乙双方平等自愿，协商一致，达成如下协议：

甲乙双方于______年____月____日签署《______专业分包合同》（以下简称原合同）。因（国家政策文件、行业政策文件、地方政府及主管机关通知、发包方有关文件、文物保护、雾霾或环境保护造成停工等）（据实调整），合同订立的情势发生明显改变，导致原合同无法正常履行。

经双方协商一致同意对原合同作如下变更及补充：

1. 原合同第____条变更为__________________________；

2. 原合同第____条变更为__________________________；

3. 补充条款为______________________________；

4. 删除原合同条款为__________________________。

本协议是原合同不可分割的组成部分，与原合同具有同等法律效力。除本协议变更补充的内容外，原合同中的其他条款仍然适用，对双方有约束力。

本协议自双方签字盖章后生效。

甲方：（盖章） 乙方：（盖章）

法定代表人：（签字） 法定代表人：（签字）

年 月 日 年 月 日

27. 关于协商解除合同的函

（情势变更适用）

＿＿＿＿＿＿＿＿公司：

我公司与贵公司于＿＿＿＿年＿＿月＿＿日签署《＿＿＿＿专业分包合同》（合同编号：＿＿＿＿）及《补充协议》（合同编号：＿＿＿＿）（以下简称《合同》）（此处据实调整）。因（国家政策文件、行业政策文件、地方政府及主管机关通知、发包方有关文件、文物保护、雾霾或环境保护造成停工等）（据实调整），合同订立的情势发生以下明显改变，导致合同无法正常履行：

1. ＿＿＿＿＿＿＿＿＿＿＿＿＿＿＿＿＿＿＿＿＿＿＿＿＿＿＿＿＿；

2. ＿＿＿＿＿＿＿＿＿＿＿＿＿＿＿＿＿＿＿＿＿＿＿＿＿＿＿＿＿。

上述情形已经构成情势变更，且导致合同目的无法实现。为减少双方的合同损失，我公司提议解除合同，请贵公司于＿＿＿＿年＿＿月＿＿日前来洽谈解除相关事宜。

特此函告！

联系人：

联系电话：

＿＿＿＿＿＿＿＿公司

年　月　日

以上文件已收到，予以确认。

签收人：＿＿＿＿＿＿＿＿

年　月　日

28.索赔通知书(通用)

________________公司：

由贵公司施工的________工程，出现下列第____项情形(选择适用)：

1. 因施工进度缓慢，导致整体工期延误____天；

2. 擅自停工、阻工、退场，严重影响施工进展，拖延工期(擅自停工、阻工、退场索赔)；

3. 因工程存在质量问题，我公司于________年____月____日已向贵公司发出《工程维修通知书》，但截至目前，贵公司未履行维修义务；

4. 自________年____月____日以来，因 (不可抗力事由) 的出现，各地均出现________等情形，就合同的履行出现了如下困难：

(1)____；

(2)____。

5. 自________年____月____日以来，因为(国家政策文件、行业政策文件、地方政府及主管机关通知、发包方有关文件、文物保护、雾霾或环境保护造成停工等)(据实调整)的出现，合同的履行出现了如下困难：

(1)____；

(2)____。

上述情形给我公司造成了巨大的经济损失(具体损失金额详见附件)，同时贵公司未及时通知给我公司造成了扩大损失(第4项、第5项情形出现扩大损失时适用，若不涉及可删除)(具体扩大损失金额详见附件)，贵公司应承担赔偿责任。

请贵公司在收到本通知后____日内将赔偿款转入我公司指定账

户。如有异议,请于收到本通知书____日内书面提出,并提供相关佐证资料,否则视为贵公司认可我公司全部索赔内容。

特此通知!

账户:

账号:

开户行:

联系人:

联系电话:

________________公司

年　月　日

以上文件已收到,予以确认。

签收人:________________

年　月　日

四

买卖合同履约证据收集清单及常用函件文本

(一)买卖合同履约证据收集清单

1. 买卖合同履约通用证据资料收集清单

序号	资料名称	具体内容
1	招投标文件	包括但不限于招标文件、投标文件、投标答疑、中标通知书、投标保证金支付凭证等
2	合同文件	包括但不限于买卖合同、补充协议、履约保证金协议等
3	资信资料	包括但不限于营业执照、资质文件、法定代表人身份证明，授权委托书及被授权人身份证明等
4	往来函件	包括但不限于会议纪要、合同履行过程中的各类函件单据、相关方(发包方、监理方、设计方等)函件及签收证明等
5	货品验收检测资料	包括但不限于外观质量验收资料、试验检测报告等
6	结算资料	包括不限于结算协议、结算报告、结算单、批复报告、审计报告等

续表

序号	资料名称	具体内容
7	财务结算资料	包括不限于付款申请、发票、汇票、支付凭证等
8	质保资料	包括不限于保修合同、质保金返还相关文件等

2. 买方违约证据资料收集清单

序号	违约事项	资料名称	收集方式
1	逾期付款	1. 招投标文件、合同资料; 2. 非买方原因导致逾期付款的证据资料; 3. 往来函件等资料; 4. 损失资料	1. 收集买卖合同及补充协议中关于付款的相关条款资料; 2. 收集沟通协商延迟付款事宜的证据资料,包括但不限于短信记录、电子邮件、往来函件等资料文件; 3. 收集双方就逾期事项签订的结算协议,结算协议应包含减免逾期付款违约责任的条款; 4. 积极沟通协调卖方同意逾期付款或减免卖方逾期付款责任,并出具书面承诺书; 5. 收集非买方原因导致逾期付款正当事由的证据资料
2	未付或未足额付款	1. 招投标文件、合同资料; 2. 买方有正当合理事由不付或少付货款的证据资料; 3. 已付款资料; 4. 往来函件等资料; 5. 损失资料	1. 收集买卖合同及补充协议中关于付款的相关条款资料; 2. 收集沟通协商延迟付款事宜的证据资料,包括但不限于短信记录、电子邮件、往来函件等资料文件; 3. 收集双方就未按约定付款签订的结算协议,结算协议应包含减免未付或未足额付款违约责任的条款; 4. 积极沟通协调卖方同意,并出具书面承诺书同意减免违约付款责任的书面承诺; 5. 收集卖方原因导致买方少付(未付)货款等正当合理事由的书面证据

续表

序号	违约事项	资料名称	收集方式
3	拒绝收货	1. 招投标文件、合同资料； 2. 拒收货物合理事由的证据资料； 3. 往来函件等资料； 4. 损失资料	1. 收集买卖合同及补充协议中关于拒绝收货的相关条款资料； 2. 收集沟通协商拒绝收货事宜的证据资料，包括但不限于短信记录、电子邮件、往来函件等资料文件； 3. 收集双方就拒绝收货签订的结算协议，结算协议应包含减免拒绝收货违约责任的条款； 4. 积极沟通协调卖方减免拒绝收货的责任，并出具书面承诺书； 5. 收集非买方原因导致拒绝收货正当事由的证据资料； 6. 保存卖方交货逾期导致合同目的无法实现、验收货物不合格或不符合验收标准致使买方拒绝收货的证据资料，上述情形须要求交货人签字确认、买方及时出具书面告知函
4	未退还质量保证金	1. 招投标文件、合同资料； 2. 未退还质量保证金合理事由的证据资料； 3. 往来函件等资料； 4. 因产品质量缺陷买方产生损失的证据资料	1. 收集买卖合同及补充协议中关于质量保证金、缺陷责任期等事宜的相关条款资料； 2. 收集沟通协商未退还质量保证金事宜的证据资料，包括但不限于短信记录、电子邮件、往来函件等资料文件； 3. 积极沟通协调卖方同意不付质量保证金的责任，并出具书面承诺书； 4. 收集双方就退还质量保证金事宜签订的结算协议，结算协议应包含减免未退还质量保证金违约责任的条款； 5. 由于卖方先期违约产生质量保证金退还纠纷的，违约事项发生后，可通过邮寄律师函、发送通知、保存通话录音、发送短信、电子邮件、传真等方式有效固定证据； 6. 收集卖方原因导致买方未退还质量保证金的正当合理事由的证据资料，如保存产品质量缺陷的照片、视频等视听资料及第三方检测报告等证据资料

续表

序号	违约事项	资料名称	收集方式
5	退货	1. 招投标文件、合同资料； 2. 退货有合理事由的证据资料； 3. 往来函件等资料； 4. 损失资料	1. 收集买卖合同及补充协议中关于退货的相关条款资料； 2. 收集沟通协商退货事宜的证据资料，包括但不限于短信记录、电子邮件、往来函件等资料文件； 3. 收集双方就退货事宜签订的结算协议，结算协议应包含减免退货违约责任的条款； 4. 积极沟通协调卖方同意减免买方退货责任，并出具书面承诺书； 5. 收集非买方原因导致退货正当事由的证据资料

注：1. 有效送达方式：书面函件有效送达方式包括但不限于现场送达并签收、邮寄送达、公证送达、律师见证送达，双方确认的电子邮件或传真等。

2. 书证资料应尽量保存原件，复印件须与原件核对无误并经相关方加盖公章或签字确认，签字应有相应的授权委托手续或文件。

3. 需邮寄的函件、通知等文件，须由中国邮政 EMS 邮寄，清楚完整填写邮寄底单，注明邮寄文件的具体名称；书证资料须保存经相关责任人签字盖章的原件；视听资料采集须经公证机关公证，并符合证据规则的相关要求。

4. 保留存有短信记录、视听资料、电子数据的原始载体。

5. 资金往来证明可以向法院申请协助取证。

3. 卖方违约证据资料收集清单

序号	违约事项	资料名称	收集方式	推荐使用函件文本
1	无法交货	1. 招投标文件、合同资料； 2. 买方发送的供货计划及送达记录； 3. 签收单、结算单、结算详单； 4. 无法交货的证据资料； 5. 往来函件等资料； 6. 损失资料	1. 收集买卖合同及补充协议中关于无法交货的相关条款资料； 2. 收集买方给卖方发送的供货计划及送达记录，收集签收单、结算单，证明买方要求进场货物数量、时间，卖方实际进场货物、时间； 3. 收集沟通协商无法交货事宜的证据资料，包括但不限于短信记录、电子邮件、往来函件等资料文件； 4. 收集双方就无法交货事宜签订的相关协议，协议内应载明无法交货的具体情形； 5. 违约事项发生后，买方应向卖方有效送达函件（"有效送达"方式见注释），及时主张权利，或通过通话录音、发送短信、电子邮件、传真等方式有效固定证据，避免超过诉讼时效，必要时请监理方出具证明； 6. 收集因卖方无法交货，买方向其他供应商采购而增加的费用成本及相关损失证据资料； 7. 无法交货导致停、窝工的，收集买方项目部及分包方窝工人员花名册、工资表、确定停、窝工具体天数的证据资料。收集市场价上调造成买方损失的证据资料，如网站时价截图	1. 催货通知书； 9. 索赔通知书（通用）

续表

序号	违约事项	资料名称	收集方式	推荐使用函件文本
2	未按期交货	1. 招投标文件、合同资料; 2. 买方发送的供货计划及送达记录; 3. 签收单、结算单、结算详单; 4. 对方未按期交货的证据资料; 5. 往来函件等资料; 6. 损失资料	1. 收集合同文件中关于未按期交货的相关责任条款资料; 2. 收集买方给卖方发送的供货计划及送达记录,收集签收单、结算单,证明买方要求进场货物数量、时间,卖方实际进场货物、时间; 3. 收集沟通协商未按期交货事宜的证据资料,包括但不限于短信记录、电子邮件、往来函件等资料文件; 4. 收集就未按期交货签订的协议文件,协议应载明未按期交货的事实情况; 5. 违约事项发生后,买方应向卖方有效送达函件("有效送达"方式见注释),及时主张权利,或通过通话录音、发送短信、电子邮件、传真等方式,有效固定相关证据,避免超过诉讼时效,必要时请监理方出具证明; 6. 按期交货的收料单、验收单; 7. 收集因卖方逾期交货,买方向其他供应商采购而增加的费用成本及相关损失证据资料; 8. 未按期交货导致停、窝工的,收集买方项目部及协作方窝工人员花名册、工资表、确定停、窝工具体天数的证据资料。收集市场价上调造成买方损失的证据资料,如网站时价截图	1. 催货通知书; 2. 解除合同通知书(根本违约适用); 9. 索赔通知书(通用)

续表

序号	违约事项	资料名称	收集方式	推荐使用函件文本
3	货物验收不合格（品种、型号、规格、数量、花色、包装）	1. 招投标文件、合同资料； 2. 货物验收不合格的证据资料； 3. 往来函件等资料； 4. 损失资料	1. 收集买卖合同及补充协议中关于货物验收不合格的相关条款资料； 2. 收集货物验收不合格的相关证据，包括但不限于外观质量现场验收单、试验检测报告、验收货物实物照片； 3. 收集沟通协商货物验收不合格事宜的证据资料，包括但不限于短信记录、电子邮件、往来函件等资料文件； 4. 收集双方因货物验收不合格签订的协议文件，协议应载明货物验收不合格的具体事实； 5. 违约事项发生后，买方应向卖方有效送达函件（“有效送达”方式见注释），及时主张权利，或通过通话录音、发送短信、电子邮件、传真等方式，有效固定相关证据，避免超过诉讼时效，必要时请监理方出具证明； 6. 收集因货物验收不合格，买方向其他供应商采购而增加的费用成本及相关损失证据资料； 7. 收集由于货物验收不合格导致停、窝工的资料。收集买方项目部及分包方窝工人员花名册、工资表、确定停、窝工具体天数的证据资料。收集市场价上调造成买方损失的证据资料，如网站时价截图	3.（修理、调换、退货）通知书

续表

序号	违约事项	资料名称	收集方式	推荐使用函件文本
4	未按约提供货物合格证书及其他必要文件	1. 招投标文件、合同资料； 2. 未按约提供货物合格证书及其他必要文件的证据资料； 3. 往来函件等资料； 4. 损失资料	1. 收集买卖合同及补充协议中关于未按约提供货物合格证书及其他必要文件的相关条款资料； 2. 收集按照交易习惯应提供的货物合格证、相关资料等证据资料。收集货物无合格证书或其他资料的实物照片； 3. 收集沟通协商未按约提供货物合格证书及其他必要文件事宜的证据资料，包括由于该原因拒收、逾期验收的告知函，告知对方及时补充相关资料的函及双方就此事沟通的短信记录、电话录音等，必要时请监理方出具证明； 4. 收集未按约提供货物合格证书及其他必要文件，导致该货物无法及时投产造成的窝工损失的资料。收集买方项目部及分包方窝工人员花名册、工资表、确定停、窝工具体天数的证据资料	4. 尽快（开具合格发票、提供合格证书及其他必要文件）通知书

续表

序号	违约事项	资料名称	收集方式	推荐使用函件文本
5	货物在质保期内出现质量瑕疵	1. 招投标文件、合同资料; 2. 在质保期内出现质量瑕疵的证据资料; 3. 往来函件等资料; 4. 损失资料	1. 收集买卖合同及补充协议中关于产品质量标准、验收、质保期等相关条款资料; 2. 收集沟通协商货物在质保期内出现质量瑕疵事宜的证据资料,包括但不限于短信记录、电子邮件、往来函件等资料文件; 3. 收集因出现质量瑕疵,双方签订的协议文件,协议应载明货物系在质保期内出现质量瑕疵的具体事实; 4. 违约事项发生后,买方应向卖方有效送达函件("有效送达"方式见注释),及时主张权利,或通过通话录音、发送短信、电子邮件、传真等方式,有效固定相关证据,避免超过诉讼时效,必要时请监理方出具证明; 5. 收集货物瑕疵的有关证据,包括但不限于国家、行业及交易习惯确定的质量标准,质量出现瑕疵的照片,有资质的检测机构、鉴定机构出具的鉴定,检测报告; 6. 收集导致第三方(发包方、监理方)就该质量瑕疵进行的罚款、责令停、窝工的相关文件。罚款的付款记录;停、窝工损失(收集项目本部及协作方窝工人员花名册、工资表、确定停、窝工具体天数的证据资料);更换质量缺陷产品的购买清单、结算单、发票、付款凭证,更换缺陷产品或修复质量瑕疵的必要人工费用等	5.(维修或更换)货物通知书

续表

序号	违约事项	资料名称	收集方式	推荐使用函件文本
6	货物有权属瑕疵、知识产权争议	1. 招投标文件、合同资料; 2. 对方违约事实的证据资料; 3. 往来函件等资料; 4. 损失资料	1. 收集买卖合同及补充协议中关于权属、知识产权的相关条款资料; 2. 收集沟通协商货物有权属瑕疵、知识产权争议事宜的证据资料,包括但不限于短信记录、电子邮件、往来函件等资料文件; 3. 收集双方因货物权属瑕疵、知识产权争议签订的相关协议,协议应载明具体事实; 4. 违约事项发生后,买方应向卖方有效送达函件("有效送达"方式见注释),及时主张权利,或通过通话录音、发送短信、电子邮件、传真等方式,有效固定相关证据,避免超过诉讼时效,必要时请监理方出具证明; 5. 收集相关货物有权属瑕疵、知识产权争议的证据资料,包括但不限于第三方对货物权属有争议的来函、货物被抵押等的抵押登记、抵押合同,相关知识产权专利、商标文件,由于争议产生的律师函、诉讼材料等; 6. 收集由于争议产生费用的协议、付款凭证(诉讼费、律师费、更换供应商产生的费用等损失证据资料)	6. 关于货物存在权属争议的联系函; 9. 索赔通知书(通用)

续表

序号	违约事项	资料名称	收集方式	推荐使用函件文本
7	未能提供增值税专用发票	1. 招投标文件、合同资料; 2. 对方违约事实的证据资料; 3. 往来函件等资料; 4. 损失资料	1. 收集买卖合同及补充协议中关于增值税专用发票的相关条款资料; 2. 收集沟通协商卖方未能提供增值税专用发票的事宜的证据资料,包括但不限于短信记录、电子邮件、往来函件等资料文件; 3. 收集双方因发票事宜签订的相关协议,协议应载明卖方未能提供增值税专用发票的具体事实; 4. 违约事项发生后,买方应向卖方有效送达函件("有效送达"方式见注释),及时主张权利,或通过通话录音、发送短信、电子邮件、传真等方式,有效固定相关证据,避免超过诉讼时效,必要时请监理方出具证明; 5. 计算未能提供的增值税数额	4.(尽快开具合格发票、提供合格证书及其他必要文件)通知书

续表

序号	违约事项	资料名称	收集方式	推荐使用函件文本
8	提供虚假或虚开的增值税专用发票	1. 招投标文件、合同资料； 2. 对方违约事实的证据资料； 3. 往来函件等资料； 4. 损失资料	1. 收集买卖合同及补充协议中关于增值税专用发票的相关条款资料； 2. 收集沟通协商卖方提供虚假或虚开的增值税专用发票事宜的证据资料，包括但不限于短信记录、电子邮件、往来函件等资料文件； 3. 收集双方就发票事宜签订的相关协议，协议应载明卖方提供虚假或虚开增值税专用发票的具体事实； 4. 违约事项发生后，买方应向卖方有效送达函件（"有效送达"方式见注释），及时主张权利，或通过通话录音、发送短信、电子邮件、传真等方式，有效固定相关证据，避免超过诉讼时效，必要时请监理方出具证明； 5. 收集税务机关出具的虚假、虚开发票的有关证明；计算虚假或虚开的增值税数额	4.（尽快开具合格发票、提供合格证书及其他必要文件）通知书

续表

序号	违约事项	资料名称	收集方式	推荐使用函件文本
9	未履行保修义务	1. 招投标文件、合同资料; 2. 对方违约事实的证据资料; 3. 往来函件等资料; 4. 损失资料	1. 收集买卖合同及补充协议中关于质保及售后维修等的相关条款资料; 2. 收集沟通协商卖方未尽到保修义务事宜的证据资料,包括但不限于短信记录、电子邮件、往来函件等资料文件; 3. 收集双方因履行保修义务签订的相关协议,协议应载明卖方未履行保修义务的具体事实; 4. 违约事项发生后,买方应向卖方有效送达函件("有效送达"方式见注释),及时主张权利,或通过通话录音、发送短信、电子邮件、传真等方式,有效固定相关证据,避免超过诉讼时效,必要时请监理方出具证明; 5. 收集货物出现质量问题的现场照片、检测报告及经维修或更换之后的照片; 6. 收集卖方未及时维修更换,导致买方自行或委托他人修复,产生的人工费用及材料费用等	3. (修理、调换、退货)通知书

续表

序号	违约事项	资料名称	收集方式	推荐使用函件文本
10	其他未按期履行合同的情形(包括运输、提供发票未按期等)	1. 招投标文件、合同资料; 2. 对方违约事实的证据资料; 3. 往来函件等资料; 4. 损失资料	1. 收集买卖合同及补充协议中关于卖方违约事宜的相关条款资料; 2. 收集沟通协商卖方违约事宜的证据资料,包括但不限于短信记录、电子邮件、往来函件等资料文件; 3. 收集双方因未按期履行合同事宜签订的相关协议,协议应载明相关事实; 4. 违约事项发生后,买方应向卖方有效送达函件(“有效送达”方式见注释),及时主张权利,或通过通话录音、发送短信、电子邮件、传真等方式,有效固定相关证据,避免超过诉讼时效,必要时请监理方出具证明; 5. 收集卖方违约给买方造成的具体损失的证据资料	4.(尽快开具合格发票、提供合格证书及其他必要文件)通知书

注:1. 有效送达方式:书面函件有效送达方式包括但不限于现场送达并签收、邮寄送达、公证送达、律师见证送达,双方确认的电子邮件或传真等。

2. 书证资料应尽量保存原件,复印件须与原件核对无误并经相关方加盖公章或签字确认,签字应有相应的授权委托手续或文件。

3. 查询货物实时价格的网站须为行业认可权威网站,必要时应对网站价格截图进行公证。

4. 需邮寄的函件、通知等文件,须由中国邮政 EMS 邮寄,清楚完整填写邮寄底单,注明邮寄文件的具体名称;书证资料须保存经相关责任人签字盖章的原件;视听资料采集须经公证机关公证,并符合证据规则的相关要求。

5. 保留存有短信记录、视听资料、电子数据的原始载体。

6. 资金往来证明可以向法院申请协助取证。

4. 其他事由导致合同部分或全部不能履行证据资料收集清单

序号	事项	资料名称	收集方式	推荐使用函件文本
1	不可抗力导致合同部分不能履行	1. 合同资料； 2. 合同部分不能履行的相关资料； 3. 往来函件等资料； 4. 损失资料； 5. 索赔资料	1. 收集买卖合同以及补充协议中关于不可抗力事由、不可抗力责任承担等相关条款资料； 2. 收集因不可抗力导致的合同部分不能履行的相关资料，主要包括构成不可抗力的事由及依据、合同不能履行部分的内容等； 3. 收集和保留与卖方因不可抗力导致合同部分不能履行事宜进行交涉的往来函件、会议纪要、通话录音、短信记录等资料； 4. 不可抗力事由发生后，买方可向卖方有效送达函件（"有效送达"方式见注释），及时交涉因不可抗力导致合同部分不能履行的相关事宜，或通过通话录音、发送短信、电子邮件、传真等方式，有效固定相关证据，并避免超过诉讼时效； 5. 收集不可抗力导致合同部分不能履行或卖方应对不当给买方造成的相关损失资料，如合同不能履行部分对工期的影响，合同不能履行部分所涉增加费用等； 6. 买方按照买卖合同及补充协议要求及时送达索赔资料，并固定和保存相关证据	8. 解除合同通知书（不可抗力适用）； 9. 索赔通知书（通用）

续表

序号	事项	资料名称	收集方式	推荐使用函件文本
2	不可抗力导致合同全部不能履行	1. 合同资料； 2. 合同全部不能履行的相关资料； 3. 合同解除或终止资料； 4. 往来函件等资料； 5. 损失资料； 6. 索赔资料	1. 收集买卖合同以及补充协议中关于不可抗力界定、不可抗力责任承担等相关条款资料； 2. 收集因不可抗力导致的合同全部不能履行的相关资料，主要包括构成不可抗力的事由及依据、合同全部不能履行的原因及依据等； 3. 收集和保留与卖方因不可抗力导致合同全部不能履行事宜进行交涉的往来函件、会议纪要、通话录音、短信记录等资料； 4. 不可抗力事由发生后，买方可向卖方有效送达函件（"有效送达"方式见注释），及时交涉因不可抗力导致合同全部不能履行的相关事宜，或通过通话录音、发送短信、电子邮件、传真等方式，有效固定相关证据，并避免超过诉讼时效； 5. 收集因不可抗力导致合同全部无法履行后，双方就合同解除或终止进行协商的往来函件、会议纪要等； 6. 收集不可抗力导致合同全部不能履行或卖方应对不当给买方造成的相关损失资料，如损失明细及说明等； 7. 买方按买卖合同等要求及时报送索赔资料，并固定和保存相关证据	8. 解除合同通知书（不可抗力适用）； 9. 索赔通知书（通用）

续表

序号	事项	资料名称	收集方式	推荐使用函件文本
3	情势变更导致合同部分不能履行	1. 合同资料； 2. 变更合同资料； 3. 情势变更资料； 4. 损失资料； 5. 索赔资料	1. 收集买卖合同以及补充协议中关于情势变更等相关条款资料； 2. 收集国家政策文件、行业政策文件、地方政府及主管机关通知、发包方有关文件、文物保护、雾霾或环境保护造成停工等资料，以确定存在情势变更情形； 3. 积极与卖方协商变更合同中关于因情势变更导致买方无法履行合同的部分条款，并做好损失承担与责任分配事宜； 4. 收集因情势变更导致买方损失的资料，如工期、停窝工损失、费用增加等资料； 5. 买方按买卖合同等要求及时送达索赔资料，固定保存相关证据	7. 关于协商解除合同的函(情势变更适用)； 9. 索赔通知书(通用)

续表

序号	事项	资料名称	收集方式	推荐使用函件文本
4	情势变更导致合同全部不能履行	1. 合同资料； 2. 情势变更文件； 3. 提前终止或解除合同资料； 4. 损失资料； 5. 索赔资料	1. 收集买卖合同以及补充协议中关于情势变更等相关条款资料； 2. 收集国家政策文件、行业政策文件、地方政府及主管机关通知、发包方有关文件、项目无法继续推进、文物保护、雾霾或环境保护造成停工等资料，以确定存在情势变更情形； 3. 如因情势变更导致买方无法履行合同，应积极与卖方协商提前终止或解除合同，并做好相关结算工作； 4. 收集因情势变更导致买方损失的资料，如工期、停窝工损失、费用增加等资料； 5. 买方按买卖合同等要求及时送达索赔资料，固定保存相关证据	7. 关于协商解除合同的函（情势变更适用）； 9. 索赔通知书（通用）

注：1. 有效送达方式：书面函件有效送达方式包括但不限于现场送达并签收、邮寄送达、公证送达、律师见证送达，双方确认的电子邮件或传真等。

2. 书证资料应尽量保存原件，复印件须与原件核对无误并经相关方加盖公章或签字确认，签字应有相应的授权委托手续或文件。

3. 需邮寄的函件、通知等文件，须由中国邮政 EMS 邮寄，清楚完整填写邮寄底单，注明邮寄文件的具体名称；书证资料须保存经相关责任人签字盖章的原件；视听资料采集须经公证机关公证，并符合证据规则的相关要求。

4. 保留存有短信记录、视听资料、电子数据的原始载体。

5. 资金往来证明可以向法院申请协助取证。

(二)买卖合同常用函件文本

1. 催货通知书

________公司:

根据贵公司与我公司于______年____月____日签订《______买卖合同》(合同编号:______)及《补充协议》(合同编号:______)(以下简称《合同》)(此处据实调整),贵公司应按照我公司供货计划供货,供货明细见附件。

现贵公司未按时履行前述合同义务,请贵公司于______年____月____日前保质保量供货,否则我公司有权向第三方采购上述货物,因此增加的费用由贵公司承担。因贵公司的违约行为导致我公司遭受的相关经济损失,我公司保留追究贵公司法律责任的权利。

特此通知!

联系人:

联系电话:

________公司/项目部

年　月　日

以上文件已收到,予以确认。

签收人:________

年　月　日

附件：供货明细表（据实调整）

序号	货品名称	规格型号	单位	数量	供货计划发送时间	要求进场时间	备注

2. 解除合同通知书

（根本违约适用）

________公司：

根据贵公司与我公司于____年___月___日签订的《____买卖合同》（合同编号：____）及《补充协议》（合同编号：____）（以下简称《合同》）（此处据实调整）约定，贵公司应履行____义务，经我公司多次催告后贵公司仍未履行前述合同义务。贵公司的行为已构成根本违约，致使合同目的无法实现，导致我公司遭受重大经济损失。

鉴于上述情况，我公司依据合同约定正式通知贵公司于____年___月___日解除前述合同，贵公司应支付违约金___元（如果合同已约定违约金计算标准，按合同约定计算违约金），另需赔偿经济损失___元（包括并不限于因贵公司行为导致的违约金无法弥补的停、窝工损失，另行采购增加费用等），上述违约金及经济损失我公司将从应付贵公司货款中扣除，不足部分由贵公司支付，同时我公司保留追究贵公司法律责任的权利。

请贵公司于收到本通知之日起___日内，指派人员与我公司协商合同解除后续事宜。

特此通知！

联系人：

联系电话：

________公司

年　月　日

以上文件已收到，予以确认。

签收人：________

年　月　日

3.（修理、调换、退货）通知书

________________公司：

贵公司与我公司于________年____月____日签订《________买卖合同》（合同编号：________）及《补充协议》（合同编号：________）（以下简称《合同》）（此处据实调整），约定由贵公司供应________。经检验，贵公司于________年____月____日提供的<u>（包括并不限于货物品种、型号、规格、花色、包装、质量、数量等）</u>不符合规定和合同约定。

现通知贵公司于_______年____月____日前<u>（修理、调换、退货）</u>，并承担由此产生的质量检测等相关费用，同时，我公司有权自行处理收到的不符合合同约定的产品。如贵公司不按时<u>（修理、调换、退货）</u>，或经处理后仍不符合合同约定，我公司有权重新进行采购，因此增加的费用由贵公司承担。

上述相关费用及由此给我公司造成的一切经济损失，我公司有权从应付贵公司款项中直接扣除，不足部分我公司保留追究贵公司法律责任的权利。

特此通知！

联系人：

联系电话：

________________公司/项目部

年　月　日

以上文件已收到，予以确认。

签收人：________________

年　月　日

4.（尽快开具合格发票、提供合格证书及其他必要文件）通知书

＿＿＿＿＿＿＿＿公司：

根据贵公司与我公司于＿＿＿＿年＿＿月＿＿日签订的《＿＿＿＿买卖合同》（合同编号：＿＿＿＿）及《补充协议》（合同编号：＿＿＿＿）（以下简称《合同》）（此处据实调整）约定，贵公司应向我公司＿（开具真实、有效、合格的增值税专用发票，提供货物合格证书及其他必要文件）＿。

请贵公司于＿＿＿＿年＿＿月＿＿日前＿（开具真实、有效、合格的增值税专用发票，提供货物合格证书及其他必要文件）＿，否则根据合同约定，我公司有权追究贵公司违约责任或暂停支付、延期支付、拒付或从工程款中扣除相应款项（据合同约定调整），由此给我公司带来的经济损失由贵公司承担。

特此通知！

联系人：

联系电话：

＿＿＿＿＿＿＿＿公司/项目部

年　月　日

以上文件已收到，予以确认。

签收人：＿＿＿＿＿＿＿＿

年　月　日

5.（维修或更换货物）通知书

________公司：

根据贵公司与我公司于______年____月____日签订的《______买卖合同》（合同编号：______）及《补充协议》（合同编号：______）（以下简称《合同》）（此处据实调整）约定，贵公司于______年____月____日供应了______，使用过程中出现了______问题，已影响到我公司正常使用。

按照合同维修、更换相关约定，请贵公司在______年____月____日前进行维修或更换，否则我公司有权交由第三方进行维修或重新采购（据合同约定调整），由此产生的相关费用及经济损失由贵公司承担。

特此通知！

联系人：

联系电话：

________公司/项目部

年　月　日

以上文件已收到，予以确认。

签收人：________

年　月　日

6. 关于货物存在权属争议的联系函

________公司：

根据贵公司与我公司于____年__月__日签订的《____买卖合同》(合同编号：____)及《补充协议》(合同编号：____)(以下简称《合同》)(此处据实调整)，贵公司于____年__月__日向我公司供应____。____年__月__日，我公司收到____公司函件，告知贵公司交付我公司的____(货物名称)____存在权属争议，____公司主张对该批货物拥有(知识产权、专利权、商标权、所有权等)。

请贵公司于____年__月__日前与我公司联系并与______公司交涉，因贵公司交付产品的瑕疵给我公司带来的损失，贵公司应予以赔偿。

特此函告！

联系人：

联系电话：

________公司

年 月 日

以上文件已收到，予以确认。

签收人：________

年 月 日

7. 关于协商解除合同的函

（情势变更适用）

________公司：

我公司与贵公司于____年____月____日签署《________合同》（合同编号：________）及《补充协议》（合同编号：________）（以下简称《合同》）（此处据实调整）。因（国家政策文件、行业政策文件、地方政府及主管机关通知、发包方有关文件、文物保护、雾霾或环境保护造成停工等）（据实调整），合同订立的情势发生以下明显改变，导致合同无法正常履行。

1. ________________________________；

2. ________________________________。

上述情形已经构成情势变更，且导致合同目的无法实现。为减少双方的合同损失，我公司提议解除合同，请于________年____月____日前来洽谈解除事宜。

特此函告！

联系人：

联系电话：

________公司

年　月　日

以上文件已收到，予以确认。

签收人：________________

年　月　日

8. 解除合同通知书

(不可抗力适用)

________公司:

我公司与贵公司于____年__月__日签订《____买卖合同》(合同编号:____)及《补充协议》(合同编号:____)(以下简称《合同》)(此处据实调整)。自____年__月__日以来,因(不可抗力事由)的出现,各地均出现____等情形,就合同的履行出现了如下困难:

1. ________;

2. ________。

根据《民法典》第563条的规定,有下列情形之一的,当事人可以解除合同:因不可抗力致使不能实现合同目的的。

上述情形已构成不可抗力,且导致合同目的无法实现。为减少双方的合同损失,现我公司正式通知贵公司合同于____年__月__日解除。

特此通知!

联系人:

联系电话:

________公司

年 月 日

以上文件已收到,予以确认。

签收人:________

年 月 日

9.索赔通知书(通用)

________________公司:

因贵公司未遵照双方于________年____月____日签订的《________买卖合同》(合同编号:________)及《补充协议》(合同编号:________)(以下简称《合同》)(此处据实调整)之约定,履行________义务,导致我公司出现________________等问题,致使我公司产生____________等相关损失共计____元(详见索赔清单)。

现根据前述合同之约定,特向贵公司提出索赔。请贵公司于收到本通知书____日内予以确认,并将前述款项转入我公司指定账户(账户信息详见下方)。如有异议,请于收到本通知书____日内书面提出,并提供相关佐证资料,否则视为贵公司认可我公司全部索赔内容。

特此通知!

账户:

账号:

开户行:

联系人:

联系电话:

________________公司

年 月 日

以上文件已收到,予以确认。

签收人:________________

年 月 日

五 租赁合同履约证据收集清单及常用函件文本

（一）租赁合同履约证据收集清单

1. 机械设备租赁合同履约通用证据资料收集清单

序号	资料名称	具体内容
1	招投标文件	包括但不限于招标文件、投标文件、投标答疑、中标通知书、投标保证金支付凭证等
2	合同文件	包括但不限于租赁合同、补充协议、履约保证金协议等
3	资信资料	包括但不限于营业执照、资质文件、法定代表人身份证明，授权委托书及被授权人身份证明等
4	往来函件	包括但不限于会议纪要、合同履行过程中的各类函件单据、相关方（发包方、监理方、设计方等）函件及签收证明等
5	机械设备资料	包括但不限于特种设备制造许可证、特种设备检验合格证、大型机械设备检测报告、设备拆装许可证、备案证明、安装使用说明书、维修和保养记录、机械设备所有权证明及行业规范规定应具备的相关资料等

续表

序号	资料名称	具体内容
6	操作人员资料	包括但不限于特种设备作业操作证、作业人员操作证、保险凭证、身份证明等
7	机械设备验收资料	包括但不限于机械设备进场检验记录表、机械设备验收单、机械设备退场检验记录表等
8	机械设备使用管理资料	包括但不限于设备运转记录单(表)、员工交接班记录、员工考勤表、燃油领用单、用电凭证等
9	结算资料	包括但不限于结算协议、机械验工计价单、劳务(专业)验工计价单、机械设备租赁结算单、机械设备租赁费用对账单等
10	财务结算资料	包括但不限于付款申请、发票、汇票、支付凭证等

2. 物资租赁合同履约通用证据资料收集清单

序号	资料名称	具体内容
1	招投标文件	包括但不限于招标文件、投标文件、投标答疑、中标通知书、投标保证金支付凭证等
2	合同文件	包括但不限于租赁合同、补充协议、履约保证金协议等
3	资信资料	包括但不限于营业执照、资质文件、法定代表人身份证明,授权委托书及被授权人身份证明等
4	往来函件	包括但不限于会议纪要、合同履行过程中的各类函件单据、相关方(发包方、监理方、设计方等)函件及签收证明等
5	租赁物资质量证明	包括但不限于产品合格证、质量保证单等

续表

序号	资料名称	具体内容
6	租赁物资验收资料	包括但不限于租赁物资明细单、租赁物资验收单、租赁物资出库单、入库单、租赁物资退还验收单等
7	租赁物资退换、赔偿资料	包括但不限于租赁物资退换货记录表、租赁物资缺损赔偿表等
8	结算资料	包括但不限于结算协议、租赁物资结算单、租赁费用对账单等
9	财务结算资料	包括但不限于付款申请、发票、汇票、支付凭证等

3. 机械设备租赁合同出租方违约证据资料收集清单

序号	违约事项	资料名称	收集方式	推荐使用函件文本
1	提供设备资质资料不符合要求	1. 合同资料； 2. 设备资质证照资料； 3. 往来函件等资料； 4. 主管部门查证资料	1. 收集租赁合同及补充协议中关于提供设备资质证照、相关资料及违约责任的条款资料； 2. 收集设备不符合要求的证据资料，包括但不限于未按合同约定、行业规范提供或提供虚假的资质证照、相关资料； 3. 违约事项发生后，应及时向出租方有效送达函件（"有效送达"方式见注释），要求出租方更换、补交相关资料，并经其签字、盖章确认； 4. 收集相关主管部门查证资料	1. 解除合同通知书（根本违约适用）； 4. 更换（租赁物/租赁设备/操作人员/发票）通知书

续表

序号	违约事项	资料名称	收集方式	推荐使用函件文本
2	设备操作人员不具有职业资格	1. 合同资料; 2. 操作人员资质证照资料; 3. 主管部门查证资料; 4. 往来函件等资料; 5. 操作人员的照片、视频等视听资料	1. 收集租赁合同及补充协议等关于设备操作人员资格要求及违约责任的条款资料; 2. 收集操作人员不具有职业资格的证据材料,包括但不限于提供的虚假操作证照、证照被吊销、证照过期等; 3. 发现上述情况后,应及时向出租方有效送达函件("有效送达"方式见注释),要求出租方更换操作人员、补交操作证照,确认其应承担的相应责任,并经其签字、盖章确认,有效固定证据; 4. 收集相关主管部门查证资料; 5. 收集操作人员工作照片、录像或录音等视听资料,有效固定事实证据	1. 解除合同通知书(根本违约适用); 4. 更换(租赁物/租赁设备/操作人员/发票)通知书

续表

序号	违约事项	资料名称	收集方式	推荐使用函件文本
3	无法交付租赁设备	1. 合同资料； 2. 往来函件等资料； 3. 无法交付租赁设备的证据资料； 4. 损失资料	1. 收集租赁合同及补充协议中关于租赁设备交付及违约责任的条款资料； 2. 出租方未按约定时间交付租赁设备，承租方应及时向出租方有效送达函件（“有效送达”方式见注释），主张权利，同时收集双方就无法交付租赁设备沟通协商的书面资料，包括但不限于通话录音、短信记录、数据电文、往来函件、通知及其送达凭证等，有效固定证据； 3. 收集出租方出具的经其签字、盖章无法交付租赁设备的书面资料； 4. 收集承租方因出租方无法交付租赁设备遭受的损失资料，包括但不限于停、窝工损失，租金价格上涨等	1. 解除合同通知书（根本违约适用）； 5. 关于交付租赁物/租赁设备的催告函； 9. 索赔通知书（通用）

续表

序号	违约事项	资料名称	收集方式	推荐使用函件文本
4	逾期交付租赁设备	1. 合同资料; 2. 往来函件等资料; 3. 逾期交付租赁设备的证据资料; 4. 租赁设备验收单; 5. 损失证明书面资料	1. 收集租赁合同及补充协议中关于租赁设备交付及违约责任的条款资料。 2. 出租方未按约定时间交付租赁设备的,应及时向出租方有效送达函件("有效送达"方式见注释),催促尽快交付租赁设备。同时,收集双方就逾期交付租赁设备事宜沟通协商的书面资料,包括但不限于通话录音、短信记录、数据电文、往来函件、通知及其送达凭证等,有效固定证据。 3. 收集出租方出具的其签字、盖章确认逾期交付租赁设备的书面资料。 4. 收集承租方因出租方逾期交付租赁设备遭受的损失资料,包括但不限于停、窝工损失,租金价格上涨等	1. 解除合同通知书(根本违约适用); 5. 关于交付租赁物/租赁设备的催告函; 9. 索赔通知书(通用)

续表

序号	违约事项	资料名称	收集方式	推荐使用函件文本
5	租赁设备质量不合格或不符合合同约定	1. 合同资料； 2. 租赁设备验收单； 3. 租赁设备不合格或不符合约定的证据资料； 4. 往来函件等资料； 5. 检验报告； 6. 损失资料	1. 收集招投标文件、合同、行业规范中关于租赁设备的验收标准及违约责任条款资料； 2. 设备不合格或不符合合同约定，应在验收单上明确写明具体情形，并经出租方、送货人、验收人签字确认； 3. 收集不合格设备的照片、视频资料； 4. 收集双方就租赁设备验收不合格或不符合合同约定等有关事宜沟通协商资料，包括但不限于通话录音、短信记录、数据电文、往来函件、通知及其送达凭证等； 5. 封存租赁设备，聘请第三方机构检测，出具检测报告； 6. 收集承租方因设备质量不合格或不符合合同约定遭受损失的证明资料，包括但不限于停、窝工损失，工期延误，委托第三方检测费用等	1. 解除合同通知书（根本违约适用）； 4. 更换（租赁物/租赁设备/操作人员/发票）通知书； 9. 索赔通知书（通用）

续表

序号	违约事项	资料名称	收集方式	推荐使用函件文本
6	操作人员违章违规操作、不服从调配	1. 合同资料； 2. 现场情况资料； 3. 违章通知单、罚款通知单等处罚通知文件； 4. 甲方、监理方出具的认定书等书面资料； 5. 违章违规、不服从调配告知书、函件及送达凭证； 6. 损失证明书面资料	1. 收集租赁合同及补充协议中关于操作人员违章违规操作、不服从调配及违约责任的条款资料； 2. 制作现场情况记录表，详细记录违章违规操作情况，要求操作人员签字确认； 3. 向操作人员开具违章通知单、罚款通知单，要求操作人员签字确认； 4. 出现违约事项后，应向出租方有效送达函件（“有效送达”方式见注释），书面告知操作人员违章违规操作、不服从调配等情况，并经其签字、盖章确认； 5. 收集承租方因操作人员违章违规操作、不服从调配，遭受的损失资料，包括但不限于停、窝工损失，行政处罚等	1. 解除合同通知书（根本违约适用）； 9. 索赔通知书（通用）； 10. 违章违规记录表； 11. 扣款通知书

续表

序号	违约事项	资料名称	收集方式	推荐使用函件文本
7	出租方恶意阻工	1. 合同资料； 2. 恶意阻工现场资料； 3. 往来函件等资料； 4. 公安机关处理记录资料； 5. 损失资料	1. 收集并保存出租方恶意阻工现场照片、录音录像等视听资料； 2. 阻工事件发生后，应及时向出租方有效送达函件（"有效送达"方式见注释），书面要求出租方停止侵权。同时，收集双方就阻工事件沟通记录，包括不限于通话录音、短信记录、数据电文、往来函件、通知及其送达凭证等； 3. 必要时报请公安机关处理，保存处理结果； 4. 收集承租方因出租方恶意阻工遭受的损失证明资料，包括但不限于停、窝工损失，工期延误损失，处理事件费用等	1. 解除合同通知（根本违约适用）； 9. 索赔通知书（通用）
8	未按约定履行维修、保养义务	1. 合同资料； 2. 设备故障情况资料； 3. 往来函件等资料； 4. 维修、保养记录； 5. 损失资料	1. 收集租赁合同及补充协议中关于维修、保养义务及违约责任的条款资料； 2. 书面告知出租方维修、保养事宜，收集相关送达凭证； 3. 收集维修、保养工作人员签字确认的维修、保养凭证； 4. 收集承租方因出租方未按约定履行维修、保养义务遭受的损失证明资料，包括不限于停、窝工损失，自行维修保养费用及其他费用增加等	6. 关于履行租赁物/设备维修/保修义务的催告函； 9. 索赔通知书（通用）

续表

序号	违约事项	资料名称	收集方式	推荐使用函件文本
9	租赁设备权属瑕疵	1. 合同资料; 2. 第三方权属争议书面资料; 3. 租赁设备权属证明; 4. 设备抵押信息资料; 5. 住房和城乡建设委员会备案查证信息; 6. 登记部门查询信息; 7. 往来函件等; 8. 损失资料	1. 收集租赁合同及补充协议中关于租赁设备权属瑕疵及违约责任的条款资料; 2. 收集第三方对租赁设备主张权利的往来函件、通知及送达凭证等书面资料; 3. 收集第三方提供租赁设备所有权属证明; 4. 收集第三方提供抵押信息、抵押合同等资料; 5. 收集住房和城乡建设委员会查证权属备案信息; 6. 收集抵押登记部门查询的抵押信息; 7. 收集双方就租赁设备权属争议事宜沟通协商资料,包括但不限于通话录音、短信记录、数据电文、往来函件、通知及其送达凭证等; 8. 收集因租赁设备权属争议承租方所遭受的损失证明资料	1. 解除合同通知书(根本违约适用); 8. 关于租赁物/租赁设备存在权属争议的联系函; 9. 索赔通知书(通用)

续表

序号	违约事项	资料名称	收集方式	推荐使用函件文本
10	擅自转让租赁设备	1. 合同资料; 2. 第三方权属争议书面资料; 3. 租赁设备买卖合同、协议等资料; 4. 住房和城乡建设委员会备案查证信息; 5. 登记部门查询信息; 6. 往来函件等资料; 7. 损失资料	1. 收集租赁合同及补充协议中关于擅自转让租赁设备及违约责任的条款资料; 2. 收集第三方主张租赁设备所有权的往来函件、通知及送达凭证等书面资料; 3. 收集第三方提供租赁设备买卖合同、协议等经确认签字或加盖公章的复印件,并与原件核对无误; 4. 收集住房和城乡建设委员会查证权属变更备案信息; 5. 收集登记部门查询权属变更信息; 6. 收集双方就租赁设备擅自转让事宜沟通协商资料,包括但不限于通话录音、短信记录、数据电文、往来函件、通知及其送达凭证等; 7. 收集承租方因出租方擅自转让租赁设备遭受的损失证明资料	1. 解除合同通知书(根本违约适用); 8. 关于租赁物/租赁设备存在权属争议的联系函; 9. 索赔通知书(通用)

续表

序号	违约事项	资料名称	收集方式	推荐使用函件文本
11	逾期接收租赁设备	1. 合同资料; 2. 往来函件等资料; 3. 逾期接收租赁设备验收单; 4. 损失资料	1. 收集租赁合同及补充协议中关于逾期接收租赁设备及违约责任的条款资料; 2. 出租方逾期接收租赁设备,承租方应及时向出租方有效送达函件("有效送达"方式见注释),催促出租方接收设备。同时,收集双方就逾期接收租赁设备事宜沟通协商书面资料,包括但不限于通话录音、短信记录、数据电文、往来函件、通知及其送达凭证等,有效固定证据; 3. 收集承租方因出租方逾期接收租赁设备遭受的损失证明资料,包括但不限于保管费用增加、场地费用增加等损失	7. 关于接收租赁物/租赁设备的催告函; 9. 索赔通知书(通用); 12. 租赁物/租赁设备返还通知书

续表

序号	违约事项	资料名称	收集方式	推荐使用函件文本
12	提供增值税专用发票瑕疵	1. 合同资料； 2. 往来函件等资料； 3. 虚假增值税发票证明资料； 4. 增值税发票被注销的税务机关证明； 5. 损失资料	1. 收集租赁合同及补充协议中关于提供发票瑕疵及违约责任的条款资料。 2. 收集国家税务总局全国增值税发票查验平台的查验结果。 3. 及时向出租方书面告知出租方增值税专用发票虚假、被注销等情况，收集双方沟通往来函件、通知及送达凭证： (1) 收集催促出租方提供发票的书面通知书； (2) 书面告知出租方发票虚假，要求更换真实有效的发票； (3) 书面告知出租方发票被注销，要求重新提供未被注销的发票。 4. 收集承租方因出租方提供的增值税专用发票瑕疵遭受的损失	4. 更换（租赁物/租赁设备/操作人员/发票）通知书； 9. 索赔通知书（通用）

注：1. 有效送达方式：书面函件有效送达方式包括但不限于现场送达并签收、邮寄送达、公证送达、律师见证送达，双方确认的电子邮件或传真等。

2. 书证资料应尽量保存原件，复印件须与原件核对无误的并经相关方加盖公章或签字确认，签字应有相应的授权委托手续或文件。

3. 需邮寄的函件、通知等文件，须由中国邮政 EMS 邮寄，清楚完整填写邮寄底单，注明邮寄文件的具体名称。

4. 通话录音、短信记录、数据电文等资料应保存原始载体，照片、视频等视听资料采集必要时经公证机关公证。

5. 资金往来证明可以向法院申请协助取证。

4. 物资租赁合同出租方违约证据资料收集清单

序号	违约事项	资料名称	收集方式	推荐使用函件文本
1	无法交付租赁物	1. 合同资料; 2. 往来函件等资料; 3. 无法交付租赁物的证据资料; 4. 损失资料	1. 收集租赁合同及补充协议中关于租赁物交付及违约责任的条款资料; 2. 出租方未按约定时间交付租赁物的,承租方应向出租方有效送达函件("有效送达"方式见注释),催促出租方尽快交付租赁物。同时,收集双方就无法交付租赁物沟通协商的书面资料,包括但不限于通话录音、短信记录、数据电文、往来函件、通知及其送达凭证等,有效固定证据; 3. 收集出租方出具的经其签字、盖章确认无法交付租赁物的书面资料; 4. 收集承租方因出租方无法交付租赁物遭受的损失资料,包括但不限于停、窝工损失,租金价格上涨等	1. 解除合同通知书(根本违约适用); 5. 关于交付租赁物/租赁设备的催告函; 9. 索赔通知书(通用)

续表

序号	违约事项	资料名称	收集方式	推荐使用函件文本
2	逾期交付租赁物	1. 合同资料； 2. 往来函件等资料； 3. 租赁物验收单； 4. 逾期交付租赁物的证据资料； 5. 损失资料	1. 收集租赁合同及补充协议中关于租赁物交付及违约责任的条款资料； 2. 出租方未按约定时间交付租赁物的，承租方应向出租方有效送达函件（“有效送达”方式见注释），催促出租方尽快交付租赁物。同时，收集双方就无法交付租赁物沟通协商的书面资料，包括但不限于通话录音、短信记录、数据电文、往来函件、通知及其送达凭证等，有效固定证据； 3. 收集出租方出具的经其签字、盖章确认逾期交付租赁物的书面资料； 4. 收集承租方因出租方逾期交付租赁物遭受的损失资料，包括但不限于停、窝工损失，租金价格上涨等	1. 解除合同通知书（根本违约适用）； 5. 关于交付租赁物/租赁设备的催告函； 9. 索赔通知书（通用）

续表

序号	违约事项	资料名称	收集方式	推荐使用函件文本
3	租赁物质量不合格或不符合合同约定	1. 合同资料; 2. 租赁物验收单; 3. 租赁物不合格或不符合合同约定的证据资料; 4. 往来函件等资料; 5. 损失资料	1. 收集租赁合同及补充协议中关于租赁物验收标准的条款资料; 2. 租赁物质量不合格或不符合合同约定,应在验收单明确写明具体情形,并经出租方或送货人及验收人签字确认; 3. 收集不合格、不符合合同约定的租赁物照片、视频等资料; 4. 收集双方就租赁物验收不合格或不符合合同约定事宜沟通协商资料,包括但不限于通话录音、短信记录、数据电文、往来函件、通知及其送达凭证等; 5. 收集承租方因租赁物质量不合格或不符合约定遭受的损失证明	1. 解除合同通知书(根本违约适用); 4. 更换(租赁物/租赁设备/操作人员/发票)通知书; 9. 索赔通知书(通用)
4	租赁物权属瑕疵	1. 合同资料; 2. 第三方权属争议资料; 3. 租赁物权属证明资料; 4. 往来函件等资料; 5. 损失资料	1. 收集租赁合同及补充协议中关于租赁物权属瑕疵及违约责任的条款资料; 2. 收集第三方对租赁物主张权利的往来函件、通知及送达凭证等书面资料; 3. 收集第三方提供租赁物购买合同、购买发票等租赁物权属证明; 4. 收集双方就租赁物权属争议事宜沟通协商资料,包括但不限于通话录音、短信记录、数据电文、往来函件、通知及其送达凭证等; 5. 收集承租方因租赁物权属瑕疵遭受的损失证明资料	1. 解除合同通知书(根本违约适用); 8. 关于租赁物/租赁设备存在权属争议的联系函; 9. 索赔通知书(通用)

续表

序号	违约事项	资料名称	收集方式	推荐使用函件文本
5	擅自转让租赁物	1. 合同资料; 2. 第三方权属争议资料; 3. 租赁物买卖合同、协议等资料; 4. 往来函件等资料; 5. 损失资料	1. 收集租赁合同及补充协议中关于擅自转让租赁物及违约责任的条款资料; 2. 收集第三方主张租赁物所有权的往来函件、通知等书面资料; 3. 收集第三方提供租赁物买卖合同、协议等经确认签字或盖章的复印件,并与原件核对无误; 4. 违约事项发生后,承租方应向出租方有效送达函件("有效送达"方式见注释),及时主张权利,并收集双方沟通协商资料,包括但不限于通话录音、短信记录、数据电文、往来函件、通知及其送达凭证等,有效固定证据; 5. 收集承租方因出租方擅自转让租赁物遭受的损失证明资料	1. 解除合同通知书(根本违约适用); 8. 关于租赁物/租赁设备存在权属争议的联系函; 9. 索赔通知书(通用)
6	逾期接收租赁物	1. 合同资料; 2. 往来函件等资料; 3. 逾期接收租赁物验收单; 4. 损失资料	1. 收集租赁合同及补充协议中关于逾期接收租赁物及违约责任的条款资料; 2. 出租方未按约定时间接收租赁物的,应及时向出租方有效送达函件("有效送达"方式见注释),催促出租方履行接收义务,并收集双方就逾期接收租赁物事宜沟通协商书面资料,包括但不限于通话录音、短信记录、数据电文、往来函件、通知及其送达凭证等,有效固定证据; 3. 收集承租方因出租方逾期接收租赁物产生的损失,包括但不限于保管费用增加、场地费用增加等损失	7. 关于接收租赁物/租赁设备的催告函; 9. 索赔通知书(通用); 12. 租赁物/租赁设备返还通知书

续表

序号	违约事项	资料名称	收集方式	推荐使用函件文本
7	提供增值税专用发票瑕疵	1. 合同资料； 2. 往来函件等资料； 3. 虚假增值税发票的证明资料； 4. 增值税发票被注销的税务机关证明； 5. 损失资料	1. 收集租赁合同及补充协议中关于提供发票瑕疵及违约责任的条款资料。 2. 收集国家税务总局全国增值税发票查验平台的查验结果。 3. 书面告知出租方增值税专用发票虚假、被注销等情况，收集双方沟通往来函件、通知及送达凭证，有效固定证据： (1) 收集催促出租方提供发票的书面通知书； (2) 书面告知出租方发票虚假，要求更换真实有效的发票； (3) 书面告知出租方发票被注销，要求重新提供未被注销的发票。 4. 收集承租方因出租方提供的增值税专用发票瑕疵遭受的损失	1. 解除合同通知书(根本违约适用)； 4. 更换(租赁物/租赁设备/操作人员/发票)通知书

注：1. 有效送达方式：书面函件有效送达方式包括但不限于现场送达并签收、邮寄送达、公证送达、律师见证送达，双方确认的电子邮件或传真等。

2. 书证资料应尽量保存原件，复印件须与原件核对无误并经相关方加盖公章或签字确认，签字应有相应的授权委托手续或文件。

3. 需邮寄的函件、通知等文件，须由中国邮政 EMS 邮寄，清楚完整填写邮寄底单，注明邮寄文件的具体名称。

4. 通话录音、短信记录、数据电文等资料应保存原始载体，照片、视频等视听资料采集必要时经公证机关公证。

5. 资金往来证明可以向法院申请协助取证。

5. 承租方违约证据资料收集清单

序号	违约事项	资料名称	收集方式	推荐使用函件文本
1	未按合同约定付款	1. 合同资料； 2. 往来函件等资料； 3. 付款情况资料； 4. 损失资料； 5. 结算协议	1. 收集租赁合同及补充协议中关于付款时间及违约责任的条款资料； 2. 与出租方就变更付款事宜、免除违约责任沟通协商，签订书面协议或取得出租方单方免责承诺； 3. 收集因非承租方原因导致未按约定付款的证据资料； 4. 收集双方沟通协商的通话录音、短信记录、数据电文、往来函件、通知及其送达凭证等； 5. 结算协议应明确约定违约付款责任或免除相关违约责任	13. 免除违约责任确认书

续表

序号	违约事项	资料名称	收集方式	推荐使用函件文本
2	租赁物/设备损毁、灭失	1. 合同资料； 2. 往来函件等资料； 3. 租赁物/设备损毁、灭失确认资料； 4. 租赁物/设备赔偿协议； 5. 结算协议	1. 收集租赁合同及补充协议中关于租赁物/设备损毁、灭失及赔偿责任的条款资料； 2. 事件发生后，应及时向出租方有效送达函件（"有效送达"方式见注释），收集出租方对租赁物/设备损毁、灭失时间、数量及损毁程度等情况确认签字的书面资料； 3. 收集租赁物/设备损毁、灭失证据，包括但不限于照片、视频、清单等； 4. 收集双方就租赁物/设备赔偿、停止计算租金等事宜沟通协商的证据资料，包括但不限于书面协议、通话录音、短信记录、数据电文、往来函件、通知及送达凭证等； 5. 结算协议中应明确约定损坏、灭失的租赁物/设备的赔偿金额、租金数额	12. 租赁物/租赁设备返还通知书； 14. 赔偿协议； 15. 租赁物缺损赔偿表

续表

序号	违约事项	资料名称	收集方式	推荐使用函件文本
3	逾期归还租赁物/设备	1. 合同资料； 2. 往来函件等资料； 3. 出租方单方免责承诺； 4. 结算协议	1. 逾期归还情形发生后，应及时向出租方有效送达函件（“有效送达”方式见注释），并就延续租期等事宜进行协商，达成书面协议； 2. 可预见无法归还租赁物/设备时，应及时制作无法归还租赁物/设备的清单，并经出租方签字确认，按损毁、灭失情形处理； 3. 收集双方沟通协商资料，包括但不限于的通话录音、短信记录、数据电文、往来函件及其送达凭证等； 4. 结算协议中应明确约定逾期归还租赁物/设备的违约责任及违约金，或出租方免除承租方逾期归还的责任及租金数额	12. 租赁物/租赁设备返还通知书； 14. 赔偿协议； 15. 租赁物缺损赔偿表； 16. 关于续租的联系函

注：1. 有效送达方式：书面函件有效送达方式包括但不限于现场送达并签收、邮寄送达、公证送达、律师见证送达，双方确认的电子邮件或传真等。

2. 书证资料应尽量保存原件，复印件须与原件核对无误的并经相关方加盖公章或签字确认，签字应有相应的授权委托手续或文件。

3. 需邮寄的函件、通知等文件，须由中国邮政 EMS 邮寄，清楚完整填写邮寄底单，注明邮寄文件的具体名称。

4. 通话录音、短信记录、数据电文等资料应保存原始载体，照片、视频等视听资料采集必要时经公证机关公证。

5. 资金往来证明可以向法院申请协助取证。

6. 其他事由导致合同部分或全部不能履行证据资料收集清单

序号	违约事项	资料名称	收集方式	推荐使用函件文本
1	不可抗力导致合同部分不能履行	1. 合同资料; 2. 合同部分不能履行的相关资料; 3. 往来函件等资料; 4. 损失资料; 5. 索赔资料	1. 收集租赁合同以及补充协议中关于不可抗力事由、不可抗力责任承担等相关条款资料; 2. 收集因不可抗力导致的合同部分不能履行的相关资料,主要包括构成不可抗力的事由及依据、合同不能履行部分的内容等; 3. 收集和保留与出租方因不可抗力导致合同部分不能履行事宜进行交涉的往来函件、会议纪要、通话录音、短信记录等资料; 4. 不可抗力事由发生后,承租方可以向出租方有效送达函件("有效送达"方式见注释),及时交涉因不可抗力导致合同部分不能履行的相关事宜,或通过通话录音、发送短信、电子邮件、传真等方式,有效固定相关证据,并避免超过诉讼时效; 5. 收集不可抗力导致合同部分不能履行或出租方应对不当给总包方造成的相关损失资料,如合同不能履行部分对工期的影响,合同不能履行部分所涉的工程量及工程造价等; 6. 承租方按租赁合同及补充协议要求及时送达索赔资料,并固定和保存相关证据	2. 解除合同通知书(不可抗力适用); 9. 索赔通知书(通用)

续表

序号	违约事项	资料名称	收集方式	推荐使用函件文本
2	不可抗力导致合同全部不能履行	1. 合同资料; 2. 合同全部不能履行的相关资料; 3. 合同解除或终止资料; 4. 往来函件等资料; 5. 损失资料; 6. 索赔资料	1. 收集租赁合同以及补充协议中关于不可抗力界定、不可抗力责任承担等相关条款资料; 2. 收集因不可抗力导致的合同全部不能履行的相关资料,主要包括构成不可抗力的事由及依据、合同全部不能履行的原因及依据等; 3. 收集和保留与出租方因不可抗力导致合同全部不能履行事宜进行交涉的往来函件、会议纪要、通话录音、短信记录等资料; 4. 不可抗力事由发生后,承租方可以向出租方有效送达函件(“有效送达”方式见注释),及时交涉因不可抗力导致合同全部不能履行的相关事宜,或通过通话录音、发送短信、电子邮件、传真等方式,有效固定相关证据,并避免超过诉讼时效; 5. 收集因不可抗力导致合同全部无法履行后,双方就合同解除或终止进行协商的往来函件、会议纪要等; 6. 收集不可抗力导致合同全部不能履行或出租方应对不当给承租方造成的相关损失资料,如损失明细及说明等; 7. 承租方按租赁合同等要求及时送达索赔资料,并固定和保存相关证据	2. 解除合同通知书(不可抗力适用); 9. 索赔通知书(通用)

续表

序号	违约事项	资料名称	收集方式	推荐使用函件文本
3	情势变更导致合同部分不能履行	1. 合同资料； 2. 变更合同资料； 3. 情势变更资料； 4. 损失资料； 5. 索赔资料	1. 收集租赁合同以及补充协议中关于情势变更等相关条款资料； 2. 收集国家政策文件、行业政策文件、地方政府及主管机关通知、发包方有关文件、文物保护、雾霾或环境保护造成停工等资料，以确定存在情势变更情形； 3. 积极与出租方协商变更合同中关于因情势变更导致承租方无法履行合同的部分条款，并做好损失承担与责任分配事宜； 4. 收集因情势变更导致承租方损失的资料，如工期，停、窝工损失，费用增加等资料； 5. 承租方按租赁合同等要求及时送达索赔资料，固定保存相关证据	3. 关于协商解除合同的函（情势变更适用）； 9. 索赔通知书（通用）

续表

序号	违约事项	资料名称	收集方式	推荐使用函件文本
4	情势变更导致合同全部不能履行	1. 合同资料； 2. 情势变更文件； 3. 提前终止或解除合同资料； 4. 损失资料； 5. 索赔资料	1. 收集租赁合同以及补充协议中关于情势变更等相关条款资料； 2. 收集国家政策文件、行业政策文件、地方政府及主管机关通知、发包方有关文件、项目被无法继续推进、文物保护、雾霾或环境保护造成停工等资料，以确定存在情势变更情形； 3. 如因情势变更导致承租方无法履行合同，积极与出租方协商提前终止或解除合同，并做好相关结算工作； 4. 收集因情势变更导致承租方损失的资料如工期，停、窝工损失，费用增加等资料； 5. 承租方按租赁合同等要求及时送达索赔资料，固定保存相关证据	3. 关于协商解除合同的函（情势变更适用）； 9. 索赔通知书（通用）

注：1. 有效送达方式：书面函件有效送达方式包括但不限于现场送达并签收、邮寄送达、公证送达、律师见证送达，双方确认的电子邮件或传真等。

2. 书证资料应尽量保存原件，复印件须与原件核对无误并经相关方加盖公章或签字确认，签字应有相应的授权委托手续或文件。

3. 需邮寄的函件、通知等文件，须由中国邮政 EMS 邮寄，清楚完整填写邮寄底单，注明邮寄文件的具体名称。

4. 通话录音、短信记录、数据电文等资料应保存原始载体，照片、视频等视听资料采集必要时经公证机关公证。

5. 资金往来证明可以向法院申请协助取证。

(二)租赁合同常用函件文本

1.解除合同通知书

(根本违约适用)

________________公司:

根据贵公司与我公司于________年____月____日签订的《________租赁合同》(合同编号:____)及《补充协议》(合同编号:________)(以下简称《合同》)(此处据实调整)第____条约定,贵公司应履行____义务,经我公司多次催告后贵公司仍未履行前述合同义务。贵公司的行为已构成根本违约,致使合同目的无法实现,导致我公司遭受了巨大经济损失。

鉴于上述情况,我公司依合同约定正式通知贵公司于________年____月____日解除前述合同,贵公司应支付违约金____元(如果合同已约定违约金计算标准,按合同约定计算违约金),另需赔偿经济损失____元(包括但不限于因贵公司行为导致的违约金无法弥补的停窝工损失、另行租赁货物/机械设备增加的费用等),上述违约金及经济损失我公司有权从应付贵公司的合同款项中直接扣除,不足部分贵公司应支付予我公司,同时我公司保留追究贵公司相关法律责任的权利。

请贵公司于收到通知之日起____日内指派人员与我公司协商合同解除后续事宜。

特此通知!

联系人：

联系电话：

＿＿＿＿＿＿＿＿公司

年 月 日

以上文件已收到，予以确认。

签收人：＿＿＿＿＿＿＿＿

年 月 日

2. 解除合同通知书

（不可抗力适用）

________________公司：

贵公司与我公司于________年____月____日签订了《________租赁合同》（合同编号：________）及《补充协议》（合同编号：________）（以下简称《合同》）（此处据实调整）。自________年____月____日以来，因 （不可抗力事由） 的出现，各地均出现________等情形，就合同的履行出现了如下困难：

1. ____；

2. ____。

根据《民法典》第563条的规定，有下列情形之一的，当事人可以解除合同：因不可抗力致使不能实现合同目的的。

上述情形已构成不可抗力，且导致合同目的无法实现。为减少双方的合同损失，现我公司正式通知贵公司于________年____月____日合同解除。

特此通知！

联系人：

联系电话：

________________公司

年　月　日

以上文件已收到，予以确认。

签收人：________________

年　月　日

3. 关于协商解除合同的函

（情势变更适用）

________公司：

贵公司与我公司于______年____月____日签署了《______合同》及《补充协议》（合同编号：______）（以下简称《合同》）（此处据实调整）。因（国家政策文件、行业政策文件、地方政府及主管机关通知、发包方有关文件、文物保护、雾霾或环境保护造成停工等）（据实调整），合同订立的情势发生以下明显改变，导致合同无法正常履行：

1. ________________________________；

2. ________________________________。

上述情形已经构成情势变更，且导致合同目的无法实现。为减少双方的合同损失，我公司提议解除合同，请于______年____月____日前来洽谈解除事宜。

特此函告！

联系人：

联系电话：

________公司

年　月　日

以上文件已收到，予以确认。

签收人：________

年　月　日

4.更换(租赁物/租赁设备/操作人员/发票)通知书

________公司：

根据贵公司与我公司于______年____月____日签订的《______租赁合同》(合同编号：______)及《补充协议》(合同编号：______)(以下简称《合同》)(此处据实调整)的约定，由贵公司提供(租赁物/租赁设备/操作人员)。贵公司于______年____月____日提供的______经检验不符合前述合同的约定，导致我公司项目出现______等问题，给我公司造成了巨大经济损失(具体损失详见附件)。

现通知贵公司在收到本通知之日起____日内更换符合合同要求的______。如贵公司逾期未更换，视为拒绝履行合同约定义务，我公司有权(另行委托第三方提供租赁，另行委托第三方进行操作，根据工程进度情况直接采购)(根据合同和现实情况调整)，由此增加的费用由贵公司承担，同时我公司将保留追究贵公司违约责任的权利。

特此通知！

联系人：

联系电话：

________公司/项目部

年　月　日

以上文件已收到，予以确认。

签收人：________

年　月　日

5. 关于交付租赁物/租赁设备的催告函

________公司：

根据贵公司与我公司于____年____月____日签订的《____租赁合同》(合同编号：____)及《补充协议》(合同编号：____)(以下简称《合同》)(此处据实调整)的约定，贵公司应于____年____月____日前履行交付租赁物/租赁设备的义务。截至发函日，贵公司仍未交付前述租赁物/租赁设备，导致我公司项目出现________等问题，致使我公司遭受了巨大经济损失(具体损失详见附件)。

为避免损失扩大，请贵公司遵照合同约定立即履行前述义务。如贵公司于收到本催告函之日起____日内未履行前述交付义务，视为拒绝履行合同义务，我公司将保留追究贵公司违约责任的权利。

特此函告！

联系人：

联系电话：

________公司/项目部

年　月　日

以上文件已收到，予以确认。

签收人：________

年　月　日

6. 关于履行租赁物/租赁设备维修/保修义务的催告函

________公司：

根据贵公司与我公司于____年____月____日签订的《____租赁合同》（合同编号：____）及《补充协议》（合同编号：____）（以下简称《合同》）（此处据实调整）的约定，贵公司应于____年____月____日前履行租赁物/租赁设备维修/保修义务。截至发函日，贵公司仍未履行前述租赁物/租赁设备维修/保修义务，导致我公司项目出现____等问题，致使我公司遭受巨大的经济损失（具体损失详见附件）。

为避免损失扩大，请贵公司遵照合同约定立即履行前述义务。如贵公司于收到本催告函之日起____日内未履行前述义务，视为拒绝履行合同义务。届时，我公司有权另行委托第三方进行维修/保修，由此产生的费用及相关经济损失均由贵公司承担。同时，我公司将保留追究贵公司违约责任的权利。

特此函告！

联系人：

联系电话：

________公司/项目部

年　月　日

以上文件已收到，予以确认。

签收人：________

年　月　日

7. 关于接收租赁物/租赁设备的催告函

________________公司：

根据贵公司与我公司于________年____月____日签订的《________租赁合同》（合同编号：____）及《补充协议》（合同编号：________）（以下简称《合同》）（此处据实调整）的约定，贵公司应于________年____月____日前接收租赁物/租赁设备。截至发函日，贵公司仍未履行前述租赁物/租赁设备的接收义务，导致我公司项目出现__________等问题，致使我公司遭受巨大的经济损失（具体损失见附件）。

为避免损失扩大，请贵公司遵照合同约定立即履行前述义务。如贵公司于收到本催告函之日起____日内未履行前述义务，视为拒绝履行合同义务。因贵公司逾期接收引发的租赁物/租赁设备灭失、毁损等损失由贵公司自行承担。同时，我公司有权追究因贵公司逾期接收租赁物/租赁设备所遭受的经济损失，包括但不限于保管费、场地占用费等。

特此函告！

联系人：

联系电话：

________________公司/项目部

年　月　日

以上文件已收到，予以确认。

签收人：________________

年　月　日

8. 关于租赁物/租赁设备存在权属争议的联系函

________公司：

根据贵公司与我公司于____年__月__日签订的《____租赁合同》（合同编号：____）及《补充协议》（合同编号：____）（以下简称《合同》）（此处据实调整）的约定，贵公司于____年__月__日向我公司提供了租赁物/租赁设备。

____年__月__日，我公司接到__公司的通知，贵公司交付我公司的租赁物/设备存在权属争议，该公司主张对该批货物拥有（知识产权、专利权、商标权、所有权等）。

请贵公司于____年__月__日前与我公司联系并与__公司交涉。因贵公司交付的租赁物/租赁设备的权属瑕疵给我公司带来的损失，贵公司应予以赔偿。

特此函告！

联系人：

联系电话：

________公司

年　月　日

以上文件已收到，予以确认。

签收人：________

年　月　日

9. 索赔通知书(通用)

__________公司:

因贵公司未遵照贵公司与我公司于______年____月____日签订的《________租赁合同》(合同编号:________)及《补充协议》(合同编号:________)(以下简称《合同》)(此处据实调整)之约定,履行________义务,导致我公司出现__________等问题,致使我公司产生______等相关损失共计____元(具体明细详见附件)。

现根据前述合同之约定,特向贵公司提出索赔。请贵公司在收到本通知后____日内将赔偿款转入我公司指定账户。如有异议,请于收到本通知书____日内书面提出,并提供相关佐证资料,否则视为贵公司认可我公司全部索赔内容。

特此通知!

账户:

账号:

开户行:

联系人:

联系电话:

__________公司

年 月 日

以上文件已收到,予以确认。

签收人:__________

年 月 日

10. 违章违规记录表

编号：

<table>
<tr><td>项目名称</td><td colspan="2"></td><td colspan="2">施工单位(公章)</td><td></td></tr>
<tr><td>施工地点</td><td colspan="2"></td><td colspan="2">施工负责人：</td><td></td></tr>
<tr><td colspan="2">姓名</td><td>性别</td><td colspan="2">身份证号</td><td>操作证号</td></tr>
<tr><td colspan="2"></td><td></td><td colspan="2"></td><td></td></tr>
<tr><td colspan="6">违章违规事项(写具体事项)：</td></tr>
<tr><td colspan="6">处理意见：</td></tr>
<tr><td colspan="6">处理依据：</td></tr>
<tr><td colspan="4">违章人员(签字)：</td><td colspan="2">安全员(签字)：</td></tr>
<tr><td colspan="4">施工单位负责人(签字)：</td><td colspan="2">现场负责人(签字)：</td></tr>
<tr><td colspan="6">日期：　　年　月　日</td></tr>
</table>

11. 扣款通知书

________公司：

贵公司与我公司于____年____月____日签订《____租赁合同》(合同编号：____)(此处据实调整)，贵公司操作员(具体姓名)于____年____月____日在(填写具体施工内容)施工活动中违规操作(填写具体违规内容)，导致出现____问题，造成(填写具体情形)后果(详见《违章违规记录表》)，导致我公司遭受____损失共计____元(具体损失详见附件)。

现根据合同第____条关于____约定，我公司将从应付贵公司的合同款项中，直接扣除此费用以弥补我公司的损失。合同款项不足以扣除的，贵公司应向我公司支付差额，同时我公司保留追究贵公司法律责任的权利。

望贵公司引以为戒，在后续施工中加强对操作人员的管理，要求操作人员严格遵守操作规范，坚决杜绝违规操作事故发生。

特此通知！

联系人：

联系电话：

________公司/项目部

年　月　日

以上文件已收到，予以确认。

签收人：________

年　月　日

12. 租赁物/租赁设备返还通知书

________________公司：

贵公司与我公司于________年____月____日签订的《________租赁合同》（合同编号：________）及《补充协议》（合同编号：________）（以下简称《合同》）已履行完毕/解除（此处据实调整），请贵公司于收到本通知之日起____日内派人员前往 （写具体地点） 清点租赁物品/验收租赁设备，并于租赁物清点/验收完成后将租赁物运离放置现场。

如贵公司逾期未清点/验收并接收租赁物/租赁设备，我公司有权自行清点租赁物品/验收租赁设备，贵公司认可我公司清点结果/验收结果，且从本通知书送达贵公司之日起停止计取租赁费。

因贵公司逾期接收引发的租赁物/租赁设备灭失、毁损等损失由贵公司自行承担。同时，我公司有权追究因贵公司逾期接收租赁物/租赁设备所遭受的相关经济损失，包括但不限于保管费、场地占用费等。

特此通知！

联系人：

联系电话：

________________公司/项目部

年　月　日

以上文件已收到，予以确认。

签收人：________________

年　月　日

13. 免除违约责任确认书

________________公司：

贵公司与我公司于________年____月____日签订《________租赁合同》(合同编号：________)及《补充协议》(合同编号：________)(以下简称《合同》)，因________原因(如属于非承租方原因，据实填写；如属于承租方原因，应使用妥当的理由)，甲方延迟支付________期间(据实填写)租金。

基于双方的友好合作关系，贵公司已确认免除我公司延迟付款的违约责任等，不再就延迟付款事宜向我公司主张任何权利，现请贵公司在以下确认处盖章确认。

顺颂商祺！

________________公司

年 月 日

确认免除________公司延迟付款的违约责任等，不再就延迟付款事宜向其主张任何权利。

确认人(盖章)：________________

年 月 日

备注：就承租方延迟付款事宜单独发送此函；若使用结算协议范本，明确双方无违约责任等争议。

14.赔偿协议

甲方(承租方):____________________

乙方(出租方):____________________

甲乙双方在平等自愿协商的基础上,就《________租赁合同》(合同编号:________)及《补充协议》(合同编号:________)(以下简称《合同》)履行过程中发生的租赁物/租赁设备赔偿事宜达成以下协议:

一、甲乙双方一致同意以双方确认的丢失、损毁的租赁物/租赁设备数量、损耗程度(详见《租赁物/设备缺损赔偿表》)进行赔偿。

二、甲乙双方一致同意以双方协商一致的价格进行赔偿(详见《租赁物/设备缺损赔偿表》),赔偿总额为____元(大写:____)。

三、甲乙双方一致确认丢失、损毁的租赁物/租赁设备自________年____月____日起停止计算租金。

四、甲乙双方签订本协议后,甲方不再承担返还上述租赁物/租赁设备的责任,乙方不得再向甲方主张归还租赁物/设备和支付相应的租金。

五、租赁物/租赁设备缺损赔偿款项计入租赁物/租赁设备结算款,遵照甲乙双方签订的《________租赁合同》(合同编号:________)及《补充协议》(合同编号:________)的付款约定执行。

六、本协议签订后,双方就毁损、丢失的租赁物/租赁设备再无任何争议。

七、本协议一式四份,自双方签字盖章之日起生效。甲乙双方各持二份,具有同等的法律效力。

甲方:________________公司　　乙方:________________公司

法定代表人:(签字)　　法定代表人:(签字)

年　月　日　　年　月　日

15. 租赁物缺损赔偿表

项目名称:

合同名称:

合同编号:

租赁物名称	缺损程度	赔偿标准	缺损数量	停止计租日期	赔偿金额	备注
合计						

甲方:(盖章)

法定代表人:(签字)

日期:

乙方:(盖章)

法定代表人:(签字)

日期:

16. 关于续租的联系函

________公司：

贵公司与我公司于______年____月____日签订的《______租赁合同》（合同编号：______）约定的租赁期限为______年____月____日至______年____月____日。

现租赁期限即将届满，因我公司施工需要继续使用租赁物/租赁设备，拟继续租赁贵公司提供的租赁物/租赁设备。如贵公司同意继续提供租赁物/租赁设备，请于______年____月____日前书面回复并指派专人与我公司商议合同续签事宜。

如贵公司逾期未回复，则（视为贵公司拒绝续签租赁合同，前述合同履行完毕后自行终止，贵公司应按合同约定及时与我公司办理租赁物/租赁设备退租手续，不予办理的视租期届满之日为退租之日，我公司不再支付退租后租金）或者（视为贵公司同意按原合同条件续签租赁合同，双方继续按原合同约定享有相关的权利和义务）（以上约定选择适用，不适用的应删除）。

特此函告！

联系人：

联系电话：

________公司

年　月　日

以上文件已收到，予以确认。

签收人：________

年　月　日

第二篇　履约写实记录表

总包合同履约写实记录表

<table>
<tr><td colspan="2">编号</td><td colspan="8">×××××(合同编号)－写实01</td></tr>
<tr><td colspan="2">合同名称</td><td colspan="8">××项目××合同(如有补充协议一并列明)</td></tr>
<tr><td colspan="2">合同相对方</td><td colspan="5"></td><td>合同金额</td><td colspan="2">元</td></tr>
<tr><td colspan="2">合同签订时间</td><td>年　月　日</td><td>写实期间</td><td colspan="2">年　月　日－　年　月　日</td><td colspan="2">记录时间</td><td colspan="2">年　月　日</td></tr>
<tr><td>序号</td><td>记录部门</td><td>写实内容</td><td>实际履约情况</td><td>实际履约情况证明资料</td><td>对存在问题采取的措施</td><td>措施证明资料</td><td>记录人</td><td>复核部门</td><td>复核意见</td></tr>
<tr><td>1</td><td>工程部</td><td>项目开工条件(包括合规性手续、图纸、施工条件)</td><td>据实打√或填写:
1. □是□否:具有工程规划许可证、施工许可证。
2. □是□否:发包人按约交付图纸;交图内容:<u>(据实填写)</u>;交图时间:<u>(据实填写年月日)</u>。
3. □是□否:图纸存在问题或错误;如存在,请说明具体情况:<u>(据实填写)</u>。
4. □是□否:已提供的施工条件满足项目施工需要。
5. □是□否:未提供的施工条件影响施工;如影响,请说明具体情况:<u>(据实填写)</u>。
6. 下达开工令或开工通知时间:<u>(据实填写年月日)</u>。
7. □是□否:征地拆迁完毕,未引发停窝工。
8. 其他需记录的情况:<u>(据实填写,没有则写无)</u>。</td><td>据实打√:
1. □有□无:合同资料;
2. □有□无:建设工程规划许可证、施工许可证;
3. □有□无:图纸资料;
4. □有□无:开工令或开工通知;
5. □有□无:往来函件等资料。</td><td>未按照要求履约的,应说明已采取/拟采取哪些防控措施,例如:
1. 合规手续不完善不进场施工。已进场施工的,及时向发包人发送完善工程合规手续的函件,催促其办理合规证件。
2. 视情况向发包人送达提供施工图纸、提供施工条件的函件。
3. 合规手续不全、施工条件不充分等导致总包方工期延误、停窝工等,收集损失资料,送达索赔通知书。同时,可通过会议、报告或签证等形式申请赔偿费用、工期顺延等。
4. 开工条件不充分严重影响合同继续履行的,发送解除合同通知书。
5. 其他措施。</td><td>已采取/拟采取防控措施的,应提供:
1. 催告函、会议记录(参与方均签认)、邮件、书面沟通记录;
2. 损失证据;
3. 解除合同通知书;
4. 索赔通知书;
5. 其他证明资料。</td><td>××</td><td>商法部</td><td>应说明:
□是□否:具备向发包人索赔的相关资料。
签字:
日期:</td></tr>
</table>

续表

序号	记录部门	写实内容	实际履约情况	实际履约情况证明资料	对存在问题采取的措施	措施证明资料	记录人	复核部门	复核意见
2	工程部	工程进度	据实打√或填写： 1. □是□否：因发包人原因导致工程滞后；如导致滞后，请说明具体情况：(据实填写)。 2. □是□否：存在非发包人原因（如政策、不可抗力等因素）导致的工程滞后；如导致滞后，请说明具体情况：(据实填写)。 3. □是□否：工期进度满足合同约定、发包人要求等；如未满足，请说明具体情况：(据实填写)。 4. 其他需记录的情况：(据实填写，没有则写无)。	据实打√： 1. □有□无：合同资料； 2. □有□无：开工指令； 3. □有□无：施工日志； 4. □有□无：往来函件等资料。	未按照要求履约的，应说明已采取/拟采取哪些防控措施，例如： 1. 收集非总包方（包括政策、不可抗力等情形）原因导致工期滞后的资料，发函告知发包人。 2. 发生停窝工的，妥善安排人员、材料、设备等，减少损失。 3. 发包人原因导致工期滞后的，及时发函请发包人解决；如严重影响施工的，送达解除合同通知书。 4. 收集损失资料，进行索赔。	已采取/拟采取防控措施的，应提供： 1. 通知书、邮件、书面沟通记录； 2. 非总包方责任证据； 3. 损失证据； 4. 解除合同通知书； 5. 索赔通知书。	××	商法部	应说明： □是□否：具备向发包人索赔的相关资料。 签字： 日期：
3		工程质量	据实打√或填写： 1. □是□否：现场施工质量符合施工图、施工技术规范、验收标准；如不符合，请说明具体情况：(据实填写)。 2. □是□否：工程质量符合合同约定；如不符合，请说明具体情况：(据实填写)。 3. 其他需记录的情况：(据实填写，没有则写无)。	据实打√： 1. □有□无：合同资料； 2. □有□无：施工图、施工技术资料等； 3. □有□无：施工日志； 4. □有□无：往来函件等资料。	如有风险，应说明已采取/拟采取哪些防控措施，例如： 1. 工程质量存在争议时，聘请第三方机构检测，出具检测报告。 2. 因发包人原因导致质量问题的，保留告知函、照片、视频等证据，造成损失的，进行索赔。	已采取/拟采取防控措施的，应提供： 1. 第三方机构检测报告； 2. 非总包方责任证据； 3. 损失证据； 4. 索赔通知书。	××	安质部	应说明： □是□否：存在发包人来函反映质量问题。 签字： 日期：

序号	记录部门	写实内容	实际履约情况	实际履约情况证明资料	对存在问题采取的措施	措施证明资料	记录人	复核部门	复核意见
4	工程部	工程/设计变更(包括总包方申请变更、发包人指令变更)	据实打√或填写: 1. □是□否:合同约定外发生工程/设计变更;如发生,请说明具体情况:(据实填写)。 2. □是□否:存在发包人提出变更的事项;如存在,请说明具体情况:(发包人实际通知总包方变更的时间、内容、理由、总包方答复情况或协议签订情况,据实填写)。 3. 其他需记录的情况:(据实填写,没有则写无)。	据实打√: 1. □有□无:合同资料; 2. □有□无:总包方变更申请、发包人变更指令; 3. □有□无:变更支撑性资料,如设计变更图纸、监理方指令、签证单等; 4. □有□无:变更台账; 5. □有□无:往来函件等资料。	未按照要求履约的,应说明已采取/拟采取哪些防控措施,例如: 1. 总包方提出变更内容、程序、资料等应充分且符合合同约定,发包人提出疑问的,及时复函或提供补充资料。 2. 发包人指令变更、总包方申请变更的资料不全的,应及时查验补充。 3. 发包人不签认变更的,总包方应及时送达函件阐明变更的合理原因;协商不成的,收集相关资料,适时索赔;影响合同继续履行的,发送解除合同通知书。	已采取/拟采取防控措施的,应提供: 1. 变更申请及补充文件、邮件、书面沟通记录; 2. 发包人书面认可的变更资料; 3. 损失证据; 4. 解除合同通知书; 5. 索赔通知书。	××	商法部	应说明: 1. □是□否:发包人提出的变更符合约定; 2. □是□否:总包方按照约定执行发包人变更指令。 签字: 日期:
5		工程验收(包括单项工程验收、整体交工验收/竣工验收)及移交	据实打√或填写: 1. □是□否:按照合同约定完成单项工程验收;如未完成,请说明具体情况:(据实填写)。 2. □是□否:按照合同约定完成整体交工验收/竣工验收;如未完成或存在甩项验收,请说明具体情况:(据实填写)。 3. □是□否:按照合同约定完成工程移交;如未完成,请说明具体情况:(据实填写)。 4. 其他需记录的情况:(据实填写,没有则写无)。	据实打√: 1. □有□无:合同资料; 2. □有□无:工程竣工资料,包括竣工图纸、竣工文件、洽商变更资料、签证等; 3. □有□无:竣工验收申请; 4. □有□无:甩项验收申请; 5. □有□无:工程移交资料; 6. □有□无:往来函件等资料。	未按照要求履约的,应说明已采取/拟采取哪些防控措施,例如: 1. 工程质量存在争议时,聘请第三方机构检测,出具检测报告。 2. 向发包人申请就甩项工程出具同意甩项确认书,尽量免除总包方责任。 3. 发包人拖延竣工验收的,发送加快办理竣工验收的函;仍不配合的,邮寄送达验收报告,实现以总包方提交报告日为竣工日。 4. 发包人未经验收使用工程的,保留使用的照片、视频等,实现以使用日为移交日。 5. 因发包人原因影响竣工验收、移交的,应提供发包人违约情形及造成的损失材料,进行索赔。	已采取/拟采取防控措施的,应提供: 1. 催告函、影像记录、邮件、书面沟通记录; 2. 损失证据; 3. 索赔通知书。	××	商法部	应说明: □是□否:具备向发包人索赔的相关资料。 签字: 日期:

续表

序号	记录部门	写实内容	实际履约情况	实际履约情况证明资料	对存在问题采取的措施	措施证明资料	记录人	复核部门	复核意见
6	工程部	工程质量维保（竣工验收合格后填写）	据实打√或填写： 1. □是□否：按照合同和质量保修书约定的范围、时间开展维保工作；如未按照约定开展，请说明具体情况：（据实填写）。 2. □是□否：发包人按约返还质保金；如未按照约定返还，请说明具体情况：（据实填写）。 3. 其他需记录的情况：（据实填写，没有则写无）。	据实打√： 1. □有□无：合同资料； 2. □有□无：整改照片、视频等； 3. □有□无：质保金付款凭证； 4. □有□无：往来函件等资料。	未按照要求履约的，应说明已采取/拟采取哪些防控措施，例如： 1. 若质量问题属发包人原因导致，函告发包人不属于质保范围。 2. 质量问题存在争议时，聘请第三方机构检测，出具检测报告。 3. 若属质保范围而发包人委托第三方维修的，请其提供维修合同、付款凭证、发票、维修记录等证明材料。 4. 未按时退还质保金的，向发包人送达退还质保金的函。	已采取/拟采取防控措施的，应提供： 1. 通知书、邮件、书面沟通记录； 2. 第三方检测报告； 3. 第三方维修合同、付款凭证、发票等资料。	××	区域财务中心	应说明： □是□否：质保金存在被扣除、不按时返还的情况。 签字： 日期：
工程部负责人意见	签字：　　日期：　年　月　日								
7	商法部	甲指分包	据实打√或填写： 1. □是□否：存在发包人选择分包方的情况。 2. □是□否：甲指分包影响施工质量、进度；如影响，请说明具体情况：（据实填写）。 3. □是□否：存在指定分包方违约并给总包方造成损失的情况；如存在，请说明具体情况：（据实填写）。 4. 其他需记录的情况：（据实填写，没有则写无）。	据实打√： 1. □有□无：合同资料； 2. □有□无：发包人指定或选定分包方的资料。	未按照要求履约的，应说明已采取/拟采取哪些防控措施，例如： 1. 分包方出现质量问题或工期延误等情形时，向发包人、分包方分别发送函件，说明违约情形，请发包人协调分包方纠正违约行为。 2. 影响总包方履约时，收集损失资料并向发包人索赔，申请顺延工期。	已采取/拟采取防控措施的，应提供： 1. 分包方违约证据资料； 2. 总包方损失证据； 3. 索赔通知书。	××	工程部	应说明： □是□否：存在甲指分包影响工程施工的情况。 签字： 日期：

序号	记录部门	写实内容	实际履约情况	实际履约情况证明资料	对存在问题采取的措施	措施证明资料	记录人	复核部门	复核意见
8	商法部	验工计价（包括过程计价、竣工结算）	据实打√或填写： 1. □是□否：存在发包人拖延验工/结算、不签收结算资料的情况；如存在，请说明（实际开展结算工作情况：包括提交结算资料时间、报送结算金额、与发包人协商结算的情况、据实填写）。 2. □是□否：存在发包人不认可结算事项、审减结算额等影响结算金额的情况；如存在，请说明具体情况：（据实填写）。 3. 其他需记录的情况：（据实填写，没有则写无）。	据实打√： 1. □有□无：合同资料； 2. □有□无：工序验工资料和形象进度资料； 3. □有□无：结算资料，总包方向发包人报送的结算资料、发包人签收结算资料证明等； 4. □有□无：往来函件等资料。	未按照要求履约的，应说明已采取/拟采取哪些防控措施，例如： 1. 发包人不按照约定期限办理验工计价或结算的，送达加快办理验工/结算催告函；仍不纠正的，收集损失相关证据，发送索赔通知书。 2. 发包人审核验工/结算提出疑问的，总包方及时复函或提供补充材料。 3. 发包人违反合同约定审减验工/结算额的，总包方发函明确不认可的部分；无法协商一致的，视情况采取法律途径维权。	已采取/拟采取防控措施的，应提供： 1. 催告函、邮件、书面沟通记录； 2. 拖延验工/结算造成损失的相关证据； 3. 索赔通知书。	××	工程部	应说明： □是□否：存在已完未验的情况。 签字： 日期：
9		材料调差	据实打√或填写： 1. □是□否：发生法律法规、政策、市场形势的根本性变化导致材料价格大幅上涨，向发包人申请调差。 2. □是□否：存在发包人不予调差的情况；如存在，请说明具体情况：（据实填写）。 3. 其他需记录的情况：（据实填写，没有则写无）。	据实打√： 1. □有□无：合同资料； 2. □有□无：材料调差相关资料； 3. □有□无：往来函件等资料。	未按照要求履约的，应说明已采取/拟采取哪些防控措施，例如： 1. 合同中未约定材料调差的，与发包人协商，发送工作联系函、相关支撑性资料。 2. 法律法规、政策、市场形势发生根本性变化时，发包人不同意调差且影响总包方继续履行合同的，发送关于协商解除合同的函（情势变更适用）。 3. 发包人原因导致工期延误，期间材料价格明显上涨的，收集工期延误等相关损失资料，向发包人索赔。	已采取/拟采取防控措施的，应提供： 1. 联系函、邮件、书面沟通记录； 2. 协商解除合同的函件； 3. 工期延误等损失证据； 4. 索赔通知书。	××	物机部	应说明： 材料单价的变化情况。 签字： 日期：

续表

序号	记录部门	写实内容	实际履约情况	实际履约情况证明资料	对存在问题采取的措施	措施证明资料	记录人	复核部门	复核意见
10	商法部	付款情况	据实打√或填写： 1. □是□否：发包人按合同约定支付预付款、进度款、结算款；如存在延期付款、付款不足等情况，请说明具体情况：(据实填写)。 2. □是□否：存在非现金支付情况；如存在，请说明具体情况：(如具体支付方式、金额等，据实填写)。 3. 其他需记录的情况：(据实填写，没有则写无)。	据实打√： 1. □有□无：合同资料； 2. □有□无：付款凭证； 3. □有□无：发票资料； 4. □有□无：往来函件等资料。	未按照要求履约的，应说明已采取/拟采取哪些防控措施，例如： 1. 如发包人未按约定付款，及时送达支付工程款的函件。 2. 经多次催告仍不按约定付款的，经风险评估后，可按合同约定采取停工或解除合同等措施。 3. 针对延期支付造成的损失，收集损失资料，进行索赔。	已采取/拟采取防控措施的，应提供： 1. 催告函、邮件、书面沟通记录； 2. 损失相关证据； 3. 解除合同通知书； 4. 索赔通知书。	××	区域财务中心	应说明： □是□否：发包人存在已验工未付款情况。 签字： 日期：
11		其他需写实事项(如发包人其他违约情形等)	应说明： 除以上写实内容外，其他需及时记录的合同履约情况。	收集相应的履约证明资料	未按要求履约的，应说明已采取/拟采取哪些防控措施：	已采取/拟采取防控措施的，应提供：	××		应说明： 签字： 日期：
商法部负责人意见	签字：　　　　日期：　　年　月　日								
12	物机部	甲供材料	据实打√或填写： 1. □是□否：存在甲供材料提供不及时、数量不充足、质量有问题的情况；如存在，请说明具体情况：(据实填写)。 2. □是□否：存在甲供材不合格造成损失的情况；如存在，请说明具体情况：(据实填写)。 3. 其他需记录的情况：(据实填写，没有则写无)。	据实打√： 1. □有□无：甲供材料清单； 2. □有□无：甲供材料领用单汇总表； 3. □有□无：甲供材复检报告； 4. □有□无：往来函件等资料。	未按照要求履约的，应说明已采取/拟采取哪些防控措施，例如： 1. 向发包人送达提供甲供材料催告函，载明甲供材料延误提供、数量不足或质量问题的具体情形，保留照片、视频等；存在质量问题的，必要时请第三方进行检测，并出具检测报告。 2. 发包人违约提供甲供材料的，收集损失资料，进行索赔。	已采取/拟采取防控措施的，应提供： 1. 催告函、邮件、书面沟通记录； 2. 第三方检测报告； 3. 损失证据； 4. 索赔通知书。	××	工程部	应说明： □是□否：甲供材料存在延误提供、数量不足或质量问题。 签字： 日期：
物机部负责人意见	签字：　　　　日期：　　年　月　日								

序号	记录部门	写实内容	实际履约情况	实际履约情况证明资料	对存在问题采取的措施	措施证明资料	记录人	复核部门	复核意见
13	安质部	安全、环保、文明施工	据实打√或填写： 1. □是□否：实施符合合同约定的安全、环保、文明施工的情况；如不符合，请说明具体情况：（据实填写）。 2. □是□否：安全、环保、文明施工费用足额投入；如未足额投入，请说明具体情况：（据实填写）。 3. □是□否：最新政策性文件影响安全、环保、文明施工费用投入；如有影响，请说明具体情况：（据实填写）。 4. 其他需记录的情况：（据实填写，没有则写无）。	据实打√： 1. □有□无：合同资料； 2. □有□无：建设主管部门新发布的政策性文件； 3. □有□无：往来函件等资料。	未按照要求履约的，应说明已采取/拟采取哪些防控措施，例如： 1. 因政策及不可抗力等安全、环保、文明要求导致工期延误的，向发包方发函，告知相关情况，申请工期顺延。 2. 保存影响施工的照片、视频等。	已采取/拟采取防控措施的，应提供： 1. 联系函、邮件、书面沟通记录； 2. 施工现场照片、视频等。	××	工程部	应说明： □是□否：存在安全、环保、文明要求影响工程进度的情形，具体情况。 签字： 日期：
安质部负责人意见	签字：　　　　日期：　年　月　日								
14	区域财务中心	保险	据实打√或填写： 1. □是□否：存在发包人、总包方未按时投保的情况；如存在，请说明具体情况：（据实填写）。 2. □是□否：存在保险投保义务人不清晰的情况；如存在，请说明具体情况：（据实填写）。 3. □是□否：存在未投保、保险未生效而出现事故，导致无法获得保险理赔的情况；如存在，请说明具体情况：（据实填写）。 4. 其他需记录的情况：（据实填写，没有则写无）。	据实打√： 1. □有□无：合同资料； 2. □有□无：保险合同、保险凭证； 3. □有□无：往来函件等资料。	未按照要求履约的，应说明已采取/拟采取哪些防控措施，例如： 1. 向发包人发送尽快办理保险的函件。 2. 由总包方投保的，明确保险费用纳入结算中。 3. 发包人未履行办理保险义务导致总包方遭受损失的，收集损失资料，进行索赔。	已采取/拟采取防控措施的，应提供： 1. 催告函、会议纪要、邮件、书面沟通记录； 2. 损失相关证据； 3. 索赔通知书。	××	商法部	应说明： 1. □是□否：发包人/总包方所投险种符合合同约定； 2. □是□否：存在未及时投保发生损失的情况。 签字： 日期：

续表

序号	记录部门	写实内容	实际履约情况	实际履约情况证明资料	对存在问题采取的措施	措施证明资料	记录人	复核部门	复核意见
15	区域财务中心	保函	据实打√或填写： 1. 已开具的保函种类、金额、开具时间、有效期：(据实填写)。 2. □是□否：存在延期提交保函、保函有效期满未续开的情形；如存在，请说明具体情况：(据实填写)。 3. □是□否：总包方开具的保函存在被发包人兑付的风险；如存在，请说明具体情况：(据实填写)。 4. 其他需记录的情况：(据实填写，没有则写无)。	据实打√： 1. □有□无：合同资料； 2. □有□无：预付款保函、支付保函、履约保函； 3. □有□无：往来函件等资料。	未按照要求履约的，应说明已采取/拟采取哪些防控措施，例如： 1. 发包人向总包方提交支付保函的，如发包人违约时，总包方凭支付保函向担保方索赔。 2. 针对保函兑付风险采取的防控措施。 3. 收集发包人原因导致总包方延期开具保函的证据。	已采取/拟采取防控措施的，应提供： 1. 催告函、邮件、书面沟通记录； 2. 损失证据； 3. 索赔通知书。	××	商法部	应说明： 发包人兑付保函的合理性。 签字： 日期：
区域财务中心负责人意见	签字：　　　　日期：　　年　月　日								
项目分管领导意见	签字：　　　　日期：　　年　月　日								

注：1. 实际履约情况及证明资料应完整选择或填写，记录时同步核查实际履约情况证明资料的完整性。

2. 存在履约问题时应填写“对存在问题采取的措施”“措施证明资料”栏，相关内容为示例，据实填写，不局限于示例内容；不存在履约问题时填写无。

3. 涉及复核的事项需复核部门签署意见，记录部门及复核部门对各自记录内容或意见负责。

4. 本表仅用于项目部向公司管理部门报送过程履约情况使用，未经公司书面盖章确认不代表公司最终意见，对外不产生任何法律效力。

分包合同履约写实记录表

<table>
<tr><td colspan="2">编号</td><td colspan="8">××××× (合同编号) - 写实 01</td></tr>
<tr><td colspan="2">合同名称</td><td colspan="8">××项目××合同(如有补充协议一并列明)</td></tr>
<tr><td colspan="2">合同相对方</td><td colspan="5"></td><td>合同金额</td><td colspan="2">元</td></tr>
<tr><td colspan="2">合同签订时间</td><td>年 月 日</td><td>写实期间</td><td colspan="2">年 月 日 - 年 月 日</td><td colspan="2">记录时间</td><td colspan="2">年 月 日</td></tr>
<tr><td>序号</td><td>记录部门</td><td>写实内容</td><td>实际履约情况</td><td>实际履约情况证明资料</td><td>对存在问题采取的措施</td><td>措施证明资料</td><td>记录人</td><td>复核部门</td><td>复核意见</td></tr>
<tr><td>1</td><td>工程部</td><td>分包工程进度(包括工程进度情况、工期满足情况)</td><td>据实打√或填写:
★分包方计划完成工程量:____,实际完成:____,超(欠)产:____;或计划完成:____个节点,实际按期(超前)完成:____个、延期完成:____个、未完成:____个;或某施工任务计划要求___月___日完成,实际于____月____日完成,提前(按期、滞后)____天完成(或实际未完成);或分包方某施工工序工效指标要求达到____,实际为____,偏差____。
★若以上进度指标存在偏差,补充以下因素说明:
1. □是□否:分包方实际进场时间与计划时间一致。
2. □是□否:分包方进场人员数量满足施工计划、现场实际要求。
3. □是□否:分包方主要机械设备投入满足施工计划、现场实际要求。
4. □是□否:分包方实际作业时间满足项目计划要求(如夜间加班、24小时通宵作业)。
5. □是□否:存在天气、检查、材料供应、作业面提供等导致误工情况,存在怠工、窝工情况。
6. 其他需记录的情况:(据实填写,没有则写无)。</td><td>据实打√:
1. □有□无:进度计划、节点计划交底资料;
2. □有□无:进度计划考核资料;
3. □有□无:生产例会纪要;
4. □有□无:往来函件、通知、聊天记录等资料。</td><td>未按照要求履约的,应说明已采取/拟采取哪些防控措施,例如:
1. 按照合同要求督促分包方加快工程进度,视情况送达加快工程进度的通知、现场投入人员整改通知书、限期整改通知书、发函。
2. 保存工程进度滞后的视频、照片等。
3. 如不能按合同履约严重影响施工,送达解除合同通知书。
4. 收集损失资料,进行索赔。</td><td>已采取/拟采取防控措施的,应提供:
1. 整改通知书、邮件、书面沟通记录;
2. 工期滞后视频、照片等证明资料;
3. 解除合同通知书;
4. 损失证据;
5. 索赔通知书。</td><td>××</td><td>商法部</td><td>应说明:
□是□否:工程过程进度符合施工方案要求。
签字:
日期:</td></tr>
</table>

续表

序号	记录部门	写实内容	实际履约情况	实际履约情况证明资料	对存在问题采取的措施	措施证明资料	记录人	复核部门	复核意见
2	工程部	分包工程质量	据实打√或填写： 1. □是□否：已按照合同、施工图、施工技术规范、技术交底、合同要求等进行施工。 2. □是□否：存在质量问题，存在因质量问题造成返工、整改处理或导致材料浪费、机械设备投入、工期滞后等情况。 3. 其他需记录的情况：<u>（据实填写，没有则写无）</u>。	据实打√： 1. □有□无：合同资料、施工图、施工技术规范、施工技术交底等； 2. □有□无：发包方、监理方或项目下发的停工、整改等资料； 3. □有□无：往来函件等资料。	未按照要求履约的，应说明已采取/拟采取哪些防控措施，例如： 1. 未按照合同要求施工的，未按照施工图、施工技术规范、技术交底要求施工的，送达限期整改通知书。 2. 拍摄并保存不合格工程或材料的照片、视频等，必要时请监理方、发包人等第三方见证。 3. 要求分包方在工程验收不合格的单证上签字、盖章或拒不签字等确认。 4. 工程质量存在争议时，聘请第三方机构检测，并出具检测报告。 5. 经催告仍不有效整改，或质量问题影响合同履行的，送达解除合同通知书。 6. 收集损失资料，进行索赔。	已采取/拟采取防控措施的，应提供： 1. 整改通知书、邮件、书面沟通记录； 2. 不合格工程照片、视频等； 3. 不合格工程确认单； 4. 第三方机构检测报告； 5. 解除合同通知书； 6. 损失证据； 7. 索赔通知书。	××	安质部	应说明： 1. □是□否：存在未按照合同、施工图、施工技术规范、技术交底要求、验收标准、合同要求施工。 2. □是□否：存在质量问题。 签字： 日期：
3		分包工程质量保修（竣工验收合格后填写）	据实打√或填写： 1. □是□否：分包方原因导致存在质量问题；如存在质量问题，请说明<u>（涉及事项、涉及原因、维护保养成本、其他需补充说明的情况，据实填写）</u>。 2. □是□否：分包方不及时维护保养或维修不到位或多次维修等。 3. □是□否：因分包方施工质量、维护保养方面的问题给总包方造成损失；如造成损失，请说明损失情况：<u>（据实填写）</u>。	据实打√： 1. □有□无：合同资料； 2. □有□无：整改通知书； 3. □有□无：工程质量问题照片、视频等； 4. □有□无：发包人处罚文件； 5. □有□无：往来函件等资料。	未按照要求履约的，应说明已采取/拟采取哪些防控措施，例如： 1. 向分包方送达工程维修通知书，要求对工程质量问题进行整改维修。 2. 保存不合格工程照片、视频等。 3. 质量问题存在争议时，聘请第三方机构检测，并出具检测报告。 4. 分包方不及时维护保养的，另行委托第三方整改维修。 5. 收集损失资料，进行索赔。	已采取/拟采取防控措施的，应提供： 1. 整改通知书、邮件、书面沟通记录； 2. 不合格工程照片、视频； 3. 第三方鉴定报告； 4. 第三方维修合同、计价单和付款证明等资料； 5. 损失证据； 6. 索赔通知书。	××	区域财务中心	应说明： □是□否：总包方另行委托第三方维护保养的，已扣除分包方质保金。 签字： 日期：

续表

序号	记录部门	写实内容	实际履约情况	实际履约情况证明资料	对存在问题采取的措施	措施证明资料	记录人	复核部门	复核意见
			4. □是□否：总包方另行委托第三方维保；如委托第三方维保，请说明因此发生的费用：(据实填写)，扣除质保金情况：(据实填写)。 5. □是□否：存在质量问题争议；如存在质量争议，请说明争议问题：(据实填写)。 6. 其他需记录的情况：(据实填写，没有则写无)。						
工程部负责人意见	签字：　　日期：　年　月　日								
4	物机部	投入物资设备情况	据实打√或填写： 1. □是□否：自购材料/自带设备符合合同约定、工程需要，不存在质量问题，不影响工期。 2. □是□否：有应急需总包方代购材料。 3. □是□否：自带机械设备操作人员持证上岗。 4. □是□否：存在影响工程进度，导致停、窝工的情形；如存在，请说明具体情况：(据实填写)。 5. 其他需记录的情况：(据实填写，没有则写无)。	据实打√： 1. □有□无：合同资料； 2. □有□无：材料合格证； 3. □有□无：设备出厂证件、设备进场验收记录； 4. □有□无：自带设备操作人员的操作证，如信号工、三轮车、叉车、钢筋加工机械等人员上岗证； 5. □有□无：往来函件等资料。	未按照要求履约的，应说明已采取/拟采取哪些防控措施，例如： 1. 不符合合同、行业要求的标准的材料/设备，未取得作业人员上岗证书的，送达整改通知书。 2. 保存不符合约定的材料/设备照片、视频等。 3. 封存不合格材料样品。 4. 总包方代购材料明细、单价、数量等，代购费用从分包方结算中扣除。 5. 如未能及时整改且严重影响施工，送达解除合同书。 6. 收集损失资料，进行索赔。	已采取/拟采取防控措施的，应提供： 1. 整改通知书、邮件、书面沟通记录； 2. 不合格材料/设备照片、视频等； 3. 总包代购材料费扣款单/扣款通知； 4. 损失证据； 5. 解除合同通知书； 6. 索赔通知书。	××	工程部	应说明： □是□否：物资设备存在投入进度、质量问题。 签字： 日期：

续表

序号	记录部门	写实内容	实际履约情况	实际履约情况证明资料	对存在问题采取的措施	措施证明资料	记录人	复核部门	复核意见
5	物机部	甲供材料和甲供设备	据实打√或填写： 1. □是□否：存在甲供材料/设备超耗情况；如存在超耗，请说明具体情况：(据实填写)。 2. □是□否：存在应扣未扣款项；如存在应扣未扣款项，请说明具体情况：(据实填写)。 3. □是□否：存在倒卖领用的甲供材料情况；若存在倒卖，请说明具体情况：(据实填写)。 4. □是□否：领料人员具备有效授权；若不具备有效授权，请说明具体情况：(据实填写)。 5. □是□否：周转材料丢失损坏；如存在丢失损坏，请说明具体情况：(据实填写)。 6. □是□否：设备因分包操作不当造成损坏情况；如存在损坏，请说明具体情况：(据实填写)。 7. □是□否：分包方原因造成的设备窝工、降效；如存在窝工、降效，请说明具体情况：(据实填写)。 8. □是□否：水电燃油费超耗；如存在超耗，请说明具体情况：(据实填写)。 9. 其他需记录的情况：(据实填写，没有则写无)。	据实打√： 1. □有□无：甲供材料清单； 2. □有□无：甲供设备清单； 3. □有□无：材料消耗核算单； 4. □有□无：盘点单； 5. □有□无：材料领料单； 6. □有□无：工队间调拨单； 7. □有□无：扣款单或预扣款单； 8. □有□无：设备运转记录； 9. □有□无：设备检查维修单； 10. □有□无：往来函件等资料。	未按照要求履约的，应说明已采取/拟采取哪些防控措施，例如： 1. 向分包方送达甲供材料/设备扣款通知书，要求分包方签字确认。 2. 在分包验工计价中扣除使用或超耗甲供材料/设备产生的费用。 3. 如分包方不配合签署确认单、扣款单，物机部应再次梳理发料、盘点、清方、核算等所有用于证明应扣款事实的原始资料，查漏补缺，以便妥善应对扣款争议。 4. 总包方形成实质应扣未扣损失的，送达索赔通知书。 5. 倒卖领用的甲供材料的，保存照片、视频等，送达索赔通知书(倒卖领用的总包方材料适用)。	已采取/拟采取防控措施的，应提供： 1. 扣款通知书、邮件、书面沟通记录； 2. 证明应扣款事实的原始资料； 3. 倒卖甲供材的照片、视频等； 4. 索赔通知书。	××	商法部	应说明： 1. □是□否：甲供材料/设备存在超耗、应扣未扣情况； 2. □是□否：应扣款已在过程验工计价中扣除。 签字： 日期：
物机部负责人意见		签字：　　日期：　年　月　日							

续表

序号	记录部门	写实内容	实际履约情况	实际履约情况证明资料	对存在问题采取的措施	措施证明资料	记录人	复核部门	复核意见
6	商法部	履约保证金缴纳情况	据实打√或填写： 1. □是□否：履约保证金按时、足额缴纳；如未按照约定缴纳，请说明具体原因：(据实填写)。 2. 合同约定的缴纳形式：(据实填写)；合同约定缴纳时间：(据实填写年月日)，缴纳金额(元)：(据实填写)；实际缴纳形式：(据实填写)；实际缴纳时间：(据实填写年月日)，缴纳金额(元)：(据实填写)。 3. 其他需记录的情况：(据实填写，没有则写无)。	据实打√： 1. □有□无：合同资料； 2. □有□无：保证金银行回单或保函。	未按照要求履约的，应说明已采取/拟采取哪些防控措施，例如： 1. 向分包方送达缴纳履约保证金通知书。 2. 通知后仍不缴纳的，在过程进度款中扣除。	已采取/拟采取防控措施的，应提供： 1. 缴纳履约保证金通知书； 2. 扣除保证金对应的验工计价单。	××	区域财务中心	应说明： □是□否：履约保证金已缴纳，未缴纳的已在进度款中扣除。 签字： 日期：
7		劳务人员管理	据实打√或填写： 1. □是□否：施工现场负责人(授权履约人)有在分包方近1年的社保证明。 2. □是□否：分包方投入的劳务人员人数，劳动合同、身份证件、实名登记等资料完善。 3. □是□否：分包方伪造出勤信息、工资单、提供虚假身份信息套取工资、高估冒算劳务人员工资；如存在上述情况，请说明具体情况：(据实填写)。 4. □是□否：劳务人员考勤与工资发放管理情况，统一由总包方代发工资；如未由总包方代发，请说明具体情况：(据实填写)。 5. □是□否：分包方提供的人员信息、出勤信息、工资支付金额不实，造成劳务人员讨薪；如存在上述情况，请说明具体情况：(据实填写)。 6. □是□否：分包方扣押或者变相扣押劳务人员工资；如存在上述情况，请说明具体情况：(据实填写)。 7. □是□否：存在举报、上访、恶意阻工或其他群体事件；如存在，请说明具体情况：(据实填写)。	据实打√： 1. □有□无：施工现场负责人(授权履约人)近1年社保证明； 2. □有□无：劳务人员花名册、劳动合同、身份信息、特种作业人员操作证等资料； 3. □有□无：劳务人员考勤表、工资发放台账。	未按照要求履约的，应说明已采取/拟采取哪些防控措施，例如： 1. 施工现场负责人(授权履约人)无规定社保证明的，发函要求分包方更换符合条件人员，以避免挂靠。 2. 收集劳务人员劳动合同并审核，缺少关键信息的、与实际工作方式不一致等，要求分包方重新签订合同。 3. 向分包方送达及时支付农民工工资通知书。 4. 分包方不积极解决拖欠工资的，从分包方工资保证金、合同价款中扣除并代付。 5. 针对举报、上访、恶意阻工或其他群体事件拍照、录像，及时报警，保存报警记录，从分包方合同价款中扣除违约金。 6. 劳务人员管理不善严重影响施工的，送达解除合同通知书。 7. 收集损失资料，进行索赔。	已采取/拟采取防控措施的，应提供： 1. 通知书、邮件、书面沟通记录； 2. 举报、上访、恶意阻工或其他群体事件的相关照片、视频资料等； 3. 扣款通知书、代付工人工资清单； 4. 损失证据； 5. 解除合同通知书； 6. 索赔通知书。	××	工程部	应说明： 1. □是□否：劳务人员人数与分包方提供的一致； 2. □是□否：存在拖欠农民工工资引发的阻工情形。 签字： 日期：

续表

序号	记录部门	写实内容	实际履约情况	实际履约情况证明资料	对存在问题采取的措施	措施证明资料	记录人	复核部门	复核意见
	商法部		8. □是□否：发生发包人处罚或有处罚风险；如存在处罚风险，请说明具体情况，(据实填写)。 9. 其他需记录的情况：(据实填写，没有则写无)。						
8	商法部	合同例外	据实打√或填写： 1. □是□否：分包方承担分包合同约定以外的工作。 2. □是□否：分包方承担的工作与合同约定的工作内容不符合，需要调整单价。 3. □是□否：存在其他与分包合同约定不符合的情形；如存在，请说明具体情况：(据实填写)。 4. 其他需记录的情况：(据实填写，没有则写无)。	据实打√： 1. □有□无：经项目部、分包单位会签的工程量确认资料，会议纪要，派工单、签证等； 2. □有□无：补充协议； 3. □有□无：影像资料等； 4. □有□无：往来函件等资料。	未按照要求履约的，应说明已采取/拟采取哪些防控措施，例如： 1. 如分包方承担合同外约定的工作，及时签订补充协议。 2. 如分包方承担的工作与合同约定存在重大偏差，根据实际情况调增或调减分包单价，签订补充协议。 3. 存在其他情况的，根据协商情况完善签订补充协议；确不属于可调整部分的，应及时函告分包方并说明理由。	已采取/拟采取防控措施的，应提供： 1. 合同谈判记录； 2. 补充协议； 3. 邮件、书面沟通记录等。	××	工程部	应说明： □是□否：分包方工作内容与分包合同一致。 签字： 日期：
9	商法部	分包结算(包括过程计价、最终结算)	据实打√或填写： 1. □是□否：存在分包方拒签罚款、扣款单的情况；如存在，请说明具体情况：(据实填写)。 2. □是□否：存在分包方不配合过程结算或末次结算的情况；如存在，请说明具体情况：(据实填写)。 3. 其他需记录的情况：(据实填写，没有则写无)。	应提供： 1. □有□无：合同资料； 2. □有□无：分包结算单/末次结算单； 3. □有□无：往来函件等资料。	未按照要求履约的，应说明已采取/拟采取哪些防控措施，例如： 1. 分包方不配合扣款签认的，证据充分时，在后期结算中扣除。 2. 分包方不配合过程分包结算或末次结算、以不合理理由申请调价涨价的，向分包方发送整改通知书，要求严格按照合同约定进行过程分包结算或末次结算。如给总包方造成损失或信誉影响的，进行索赔。	已采取/拟采取防控措施的，应提供： 1. 通知书、邮件、书面沟通记录； 2. 损失证据； 3. 索赔通知书。	××	物机部	应说明： □是□否：存在应扣未扣款。 签字： 日期：

续表

序号	记录部门	写实内容	实际履约情况	实际履约情况证明资料	对存在问题采取的措施	措施证明资料	记录人	复核部门	复核意见
10	商法部	付款情况	据实打√或填写： 1. 合同中约定的付款时间、付款比例；(据实填写年月日及付款比例)。 2. 结算应付款金额；(据实填写应付款金额)。 3. 实际支付金额、支付比例；(据实填写支付金额(元)及支付比例)。 4. □是□否：存在违约金支付风险；如存在风险，请说明具体情况：(据实填写)。 5. □是□否：存在诉讼、中小企业举报、信访风险；如存在风险，请说明具体情况：(据实填写)。 6. □是□否：存在恶意阻工风险；如存在风险，请说明具体情况：(据实填写)。 7. 其他需记录的情况：(据实填写，没有则写无)。	据实打√： 1. □有□无：合同资料； 2. □有□无：结算单/末次结算单； 3. □有□无：付款凭证； 4. □有□无：往来函件等资料。	未按照要求履约的，应说明已采取/拟采取哪些防控措施，例如： 1. 如总包方存在逾期付款情形，与分包方协商变更付款时间或条件，尽量减轻或免除违约责任。 2. 末次结算中明确约定免除或减轻免除相关违约责任。 3. 收集因非总包方原因导致逾期付款的证据资料。 4. 收集并保存分包方恶意阻工现场照片、录音录像等视听资料，报请公安机关处理，保存处理结果，及时向分包方送达停止侵害的函件。 5. 收集损失资料，进行索赔。	已采取/拟采取防控措施的，应提供： 1. 付款凭证； 2. 末次结算确认单； 3. 分包方免除违约责任确认书； 4. 邮件、书面沟通记录； 5. 非总包方责任的证据； 6. 阻工现场照片、录音录像； 7. 停止侵权函件、邮件、沟通记录； 8. 公安机关处理记录； 9. 解除合同通知书； 10. 损失证据； 11. 索赔通知书。	××	工程部	应说明： □是□否：存在恶意阻工风险。 签字： 日期：
11		其他需写实事项 （如分包方其他违约情形等）	应说明： 除以上写实内容外，其他需及时记录的合同履约情况。	收集相应的履约证明资料。	未按照要求履约的，应说明已采取/拟采取哪些防控措施：	已采取/拟采取防控措施的，应提供：	××		应说明： 签字： 日期：
商法部 负责人意见	签字：　　　　日期：　　年　月　日								

续表

序号	记录部门	写实内容	实际履约情况	实际履约情况证明资料	对存在问题采取的措施	措施证明资料	记录人	复核部门	复核意见
12	安质部	安全、环保、文明施工	据实打√或填写： 1. □是□否：存在违反建设主管部门要求、施工安全、环保、消防、环卫、标准化等规定施工的情况；如存在，请说明具体情况：(据实填写)。 2. □是□否：存在未设置标牌、未戴安全帽、不环保施工等危险、不文明、不环保施工情况；如存在，请说明具体情况：(据实填写)。 3. □是□否：存在违反安全管理要求被罚款情况；如存在罚款，请说明具体情况：(据实填写)。 4. □是□否：存在应整改未整改、应罚款未罚款的情况；如存在，请说明具体情况：(据实填写)。 5. 其他需记录的情况：(据实填写，没有则写无)。	据实打√： 1. □有□无：合同资料； 2. □有□无：反映现场情况的照片、视频等资料； 3. □有□无：整改单、罚款单等资料； 4. □有□无：工作往来记录等资料。	未按照要求履约的，应说明已采取/拟采取哪些防控措施，例如： 1. 保存违反施工要求的照片、视频等。 2. 向分包方送达限期整改通知书(违反安全、环保、文明施工适用)。 3. 如不能整改且严重影响施工的，送达解除合同通知书。 4. 收集损失资料，进行索赔。	已采取/拟采取防控措施的，应提供： 1. 限期整改通知书、邮件、书面沟通记录； 2. 施工现场照片、视频等； 3. 损失证据； 4. 解除合同通知书； 5. 索赔通知书。	××	工程部	应说明： □是□否：存在安全事故隐患。 签字： 日期：
安质部负责人意见	签字： 日期： 年 月 日								
项目分管领导意见	签字： 日期： 年 月 日								

注：1. 实际履约情况及证明资料应完整选择或填写，记录时同步核查实际履约情况证明资料的完整性。
2. 存在履约问题时应填写“对存在问题采取的措施”“措施证明资料”栏，相关内容为示例，据实填写，不局限于示例内容；不存在履约问题时填写无。
3. 涉及复核的事项需复核部门签署意见，记录部门及复核部门对各自记录内容或意见负责。
4. 本表仅用于项目部向公司管理部门报送过程履约情况使用，未经公司书面盖章确认不代表公司最终意见，对外不产生任何法律效力。

买卖合同履约写实记录表

<table>
<tr><td colspan="2">编号</td><td colspan="8">×××××(合同编号)-写实01</td></tr>
<tr><td colspan="2">合同名称</td><td colspan="8">××项目××合同(如有补充协议一并列明)</td></tr>
<tr><td colspan="2">合同相对方</td><td colspan="5"></td><td>合同金额</td><td colspan="2">元</td></tr>
<tr><td colspan="2">合同签订时间</td><td>年　月　日</td><td>写实期间</td><td colspan="2">年　月　日－　年　月　日</td><td colspan="2">记录时间</td><td colspan="2">年　月　日</td></tr>
<tr><td>序号</td><td>记录部门</td><td>写实内容</td><td>实际履约情况</td><td>实际履约情况证明资料</td><td>对存在问题采取的措施</td><td>措施证明资料</td><td>记录人</td><td>复核部门</td><td>复核意见</td></tr>
<tr><td>1</td><td>物机部</td><td>货物交付、验收情况</td><td>据实打√或填写：
1.□是□否：合同约定的货物种类、规格型号、技术要求、数量、时间与物资供货一致。
2.□是□否：逾期供货；如逾期供货，请说明具体情况：(计划时间、实际供货时间等，据实填写)。
3.□是□否：供货影响现场施工进度，造成停窝工；如存在上述情况，请说明具体情况：(据实填写)。
4.□是□否：货物验收时产品质量证明文件资料齐全。
5.□是□否：钢材、水泥、砂石料通过地磅计量时，磅差符合合同约定。
6.□是□否：检尺验收时标明货物长度、根数、理论重量、件数换算验收。
7.□是□否：货物验收合格。
8.□是□否：存在买方需向其他方另行采购，造成买方损失的情形；如存在，请说明具体情况：(据实填写)。
9.□是□否：各方指定的验收人有授权书。
10.其他需记录的情况：(据实填写，没有则写无)。</td><td>据实打√：
1.□有□无：合同资料；
2.□有□无：买方供货计划、卖方发货清单；
3.□有□无：货物验收，产品质量证明书、产品出厂合格证、材质证明、试验检测报告、验收货物实物照片、货物出厂磅单、过磅单等；
4.□有□无：合同各方就指定验收人出具的授权书；
5.□有□无：往来函件等资料。</td><td>未按照要求履约的，应说明已采取/拟采取哪些防控措施，例如：
1.未按照约定交付货物的，及时送达催货通知书，保存货物无法交付的沟通资料。
2.验收单载明货物计量情况或不合格具体情形，封存不合格货物样品，保留不合格货物照片、视频等。
3.要求卖方在货物验收不合格的单证上签字或盖章确认。
4.质量情况存在争议时，聘请第三方机构检测，出具检测报告。
5.向卖方送达修理、调换、退货、补货通知书。
6.未能按约定修理、调换、退货、补货影响施工时，送达解除合同通知书。
7.收集损失资料，进行索赔。</td><td>已采取/拟采取防控措施的，应提供：
1.催货、修理、调换、退货、补货通知书、邮件、书面沟通记录；
2.货物数量、质量等不合格照片、视频；
3.第三方机构检测报告；
4.解除合同通知书；
5.损失证据；
6.索赔通知书。</td><td>××</td><td>工程部</td><td>应说明：
□是□否：因供货延迟、供货质量影响现场施工。
签字：
日期：</td></tr>
</table>

续表

序号	记录部门	写实内容	实际履约情况	实际履约情况证明资料	对存在问题采取的措施	措施证明资料	记录人	复核部门	复核意见
2	物机部	货物安装、调试、操作、维护保养、故障处理等培训情况	据实打√或填写： 1. □是□否：卖方提供免费技术培训，培训内容包括货物安装、调试、操作、维护保养、故障处理等。 2. □是□否：因未提供培训，存在影响货物使用的情形；如存在，请说明具体情况：(据实填写)。 3. □是□否：因未提供培训，存在安全事故隐患；如存在，请说明具体情况：(据实填写)。 4. 其他需记录的情况：(据实填写，没有则写无)。	据实打√： 1. □有□无：卖方提供货物安装、调试、操作、维护保养、故障处理等培训的资料； 2. □有□无：卖方提供货物说明书(原件)1份、出厂合格证(原件)1份、总安装图、零部件图册、零件目录(原件)1份、随机备件、随机工具、技术资料； 3. □有□无：未提供培训导致货物影响使用的照片、视频等资料； 4. □有□无：往来函件等资料。	未按照要求履约的，应说明已采取/拟采取哪些防控措施，例如： 1. 未按照合同约定提供培训的，及时送达培训通知书。 2. 通知后仍不履行且影响施工的，及时解除合同。 3. 收集损失资料，进行索赔。	已采取/拟采取防控措施的，应提供： 1. 培训通知书等沟通记录； 2. 解除合同通知书； 3. 损失证据； 4. 索赔通知书。	××	工程部	应说明： □是□否：卖方未提供培训等，影响施工。 签字： 日期：
3	物机部	货物交付后质保情况	据实打√或填写： 1. □是□否：质保期内，货物质量符合合同约定。 2. □是□否：质保期内，卖方及时处理不合格货物。 3. □是□否：因货物质量问题，导致停、窝工；如存在上述情况，请说明具体情况：(据实填写)。 4. 其他需记录的情况：(据实填写，没有则写无)。	据实打√： 1. □有□无：合同资料； 2. □有□无：不合格货物样品资料、货物照片及视频资料； 3. □有□无：检测报告等； 4. □有□无：往来函件等资料。	未按照要求履约的，应说明已采取/拟采取哪些防控措施，例如： 1. 质保期内定期检查货物质量，发现质量问题后及时送达(维修或更换)通知书/(修理、调换、退货)通知书。 2. 货物质量情况存在争议时，封存不合格货物样品；保存不合格货物照片、视频；聘请第三方机构检测，并出具检测报告。 3. 未能按约定修理、调换、退货时，送达解除合同通知书。 4. 收集损失资料，进行索赔。	已采取/拟采取防控措施的，应提供： 1. 不合格货物照片、视频； 2. 第三方检测报告等； 3. 通知书等沟通记录； 4. 解除合同通知书； 5. 损失证据； 6. 索赔通知书。	××	工程部	应说明： □是□否：货物存在质量问题，影响施工。 签字： 日期：

续表

序号	记录部门	写实内容	实际履约情况	实际履约情况证明资料	对存在问题采取的措施	措施证明资料	记录人	复核部门	复核意见
4	物机部	结算情况（包括过程结算、最终结算、调价）	据实打√或填写： 1. □是□否：调价符合合同约定。 2. □是□否：实际价格调整中，存在调价争议；如存在，请说明具体情况：(据实填写)。 3. □是□否：存在结算金额争议；如存在，请说明具体情况：(据实填写)。 4. □是□否：存在违约金争议；如存在，请说明具体情况：(据实填写)。 5. 其他需记录的情况：(据实填写，没有则写无)。	据实打√： 1. □有□无：合同资料； 2. □有□无：调价证明资料，包括调整方法、参考依据、调整金额等，如钢材需以"我的钢铁网"对应材质、同一品种规格的数值价格作为参考备注价；水泥需以"水泥网"公布的对应价格作为参考备注价； 3. □有□无：结算单/末次结算单； 4. □有□无：往来函件等资料。	未按照要求履约的，应说明已采取/拟采取哪些防控措施，例如： 1. 保存调价、结算资料，及时办理调价、结算，确定应支付金额。 2. 如卖方不配合办理调价及结算，及时有效送达函件催促调价、办理结算。 3. 如卖方原因未能办理调价、结算，制作单方结算单，及时有效函告卖方。 4. 收集损失资料，进行索赔。	已采取/拟采取防控措施的，应提供： 1. 调价证明、结算单/末次结算单； 2. 办理调价、结算的催告函、邮件、书面沟通记录； 3. 调价、结算告知函； 4. 损失证据； 5. 索赔通知书。	××	商法部	应说明： □是□否：结算及调价符合合同约定。 签字： 日期：
5		付款情况	据实打√或填写： 1. 合同结算额、已支付额、合同约定付款比例、实际付款比例等情况：(据实填写)。 2. □是□否：实际支付金额、支付比例符合过程结算/末次结算及合同约定。 3. □是□否：存在逾期付款；如存在，请说明具体情况：(据实填写逾期金额、账期等内容)。 4. □是□否：存在违约金支付风险。 5. □是□否：存在诉讼风险、中小企业举报、信访风险；如存在，请说明具体情况：(据实填写)。 6. □是□否：存在恶意阻工风险；如存在，请说明具体情况：(据实填写)。 7. 其他需记录的情况：(据实填写，没有则写无)。	据实打√： 1. □有□无：合同资料； 2. □有□无：结算单/末次结算单/结算协议； 3. □有□无：付款凭证； 4. □有□无：逾期付款金额、逾期付款原因等资料； 5. □有□无：免除违约责任确认书； 6. □有□无：往来函件等资料。	未按照要求履约的，应说明已采取/拟采取哪些防控措施，例如： 1. 如买方存在逾期付款情形，与卖方协商变更付款时间或条件，尽量减轻或免除违约责任。 2. 末次结算中明确约定免除或减轻免除相关违约责任。 3. 收集因非买方原因导致逾期付款的证据资料。 4. 收集并保存卖方恶意阻工现场照片、录音录像等视听资料，报请公安机关处理，保存处理结果，及时向卖方有效送达停止侵害的函件。 5. 收集损失资料，进行索赔。	已采取/拟采取防控措施的，应提供： 1. 付款凭证； 2. 末次结算确认单； 3. 出租方免除违约责任确认书； 4. 邮件、书面沟通记录； 5. 非买方责任的证据； 6. 阻工现场照片、录音录像； 7. 停止侵权函件、邮件、沟通记录； 8. 公安机关处理记录； 9. 解除合同通知书； 10. 损失证据； 11. 索赔通知书。	××	商法部	应说明： □是□否：存在诉讼、中小企业举报风险。 签字： 日期：

续表

序号	记录部门	写实内容	实际履约情况	实际履约情况证明资料	对存在问题采取的措施	措施证明资料	记录人	复核部门	复核意见
6	物机部	发票开具情况	据实打√或填写： 1. □是□否：卖方按合同约定时间及时开具发票。 2. □是□否：发票信息正确，不存在无法抵扣的风险。 3. 其他需记录的情况：<u>（据实填写，没有则写无）</u>。	据实打√： 1. □有□无：货物对账单（签字及盖章版）； 2. □有□无：增值税专用发票； 3. □有□无：货物点收单。	未按照要求履约的，应说明已采取/拟采取哪些防控措施，例如： 1. 及时查验发票真伪，避免发生无法抵扣税款的风险。 2. 及时发送开具发票/开具合格发票/更换发票/重新提交发票通知书等函件。 3. 卖方拒绝或逾期不更换发票的，及时送达解除合同通知书。 4. 收集损失资料，进行索赔。	已采取/拟采取防控措施的，应提供： 1. 发票查验明细； 2. 开具发票/开具合格发票/更换发票/重新提交发票通知书等沟通记录； 3. 解除合同通知书； 4. 损失证据； 5. 索赔通知书。	××	区域财务中心	应说明： □是□否：开票金额均已入账。 签字： 日期：
7		货物权属争议情况（如有）	据实打√或填写： 1. □是□否：货物存在权属争议。 2. □是□否：货物因权属瑕疵影响正常使用，导致停窝工。 3. □是□否：货物存在与第三方产生纠纷的风险；如存在第1～3项风险，请说明具体情况：<u>（据实填写）</u>。 4. 其他需记录的情况：<u>（据实填写，没有则写无）</u>。	据实打√： 1. □有□无：合同资料； 2. □有□无：货物进场登记表及相关证明文件； 3. □有□无：货物权属证明或登记部门、主管部门查证资料； 4. □有□无：第三方权属争议书面资料； 5. □有□无：往来函件等资料。	未按照要求履约的，应说明已采取/拟采取哪些防控措施，例如： 1. 及时查证货物的权属登记情况，确认货物的归属情况。 2. 及时函告卖方货物权属存在争议。 3. 权属争议影响货物使用时，及时解除合同。 4. 收集损失资料，进行索赔。	已采取/拟采取防控措施的，应提供： 1. 货物权属查询资料； 2. 函件、邮件、书面沟通记录； 3. 解除合同通知书； 4. 损失证据； 5. 索赔通知书。	××	工程部	应说明： □是□否：货物存在权属瑕疵而影响现场施工。 签字： 日期：
8		其他需写实事项（如合同相对方其他违约情形）	应说明： 除以上写实内容外，其他需及时记录的合同履约情况。	收集相应的履约证明资料。	未按照要求履约的，应说明已采取/拟采取哪些防控措施：	已采取/拟采取防控措施的，应提供：	××		应说明： 签字： 日期：

续表

序号	记录部门	写实内容	实际履约情况	实际履约情况证明资料	对存在问题采取的措施	措施证明资料	记录人	复核部门	复核意见
物机部负责人意见						签字：		日期：	年 月 日
项目分管领导意见						签字：		日期：	年 月 日

注：1. 实际履约情况及证明资料应完整选择或填写，记录时同步核查实际履约情况证明资料的完整性。

2. 存在履约问题时应填写“对存在问题采取的措施”“措施证明资料”栏，相关内容为示例，据实填写，不局限于示例内容；不存在履约问题时填写无。

3. 涉及复核的事项需复核部门签署意见，记录部门及复核部门对各自记录内容或意见负责。

4. 本表仅用于项目部向公司管理部门报送过程履约情况使用，未经公司书面盖章确认不代表公司最终意见，对外不产生任何法律效力。

四

租赁合同履约写实记录表（周转材料租赁适用）

<table>
<tr><td colspan="2">编号</td><td colspan="7">×××××（合同编号）－写实 01</td></tr>
<tr><td colspan="2">合同名称</td><td colspan="7">××项目××合同（如有补充协议一并列明）</td></tr>
<tr><td colspan="2">合同相对方</td><td colspan="5"></td><td>合同金额</td><td colspan="2">元</td></tr>
<tr><td colspan="2">合同签订时间</td><td>年　月　日</td><td>写实期间</td><td colspan="2">年　月　日－　年　月　日</td><td colspan="2">记录时间</td><td colspan="2">年　月　日</td></tr>
<tr><td>序号</td><td>记录部门</td><td>写实内容</td><td>实际履约情况</td><td>实际履约情况证明资料</td><td>对存在问题采取的措施</td><td>措施证明资料</td><td>记录人</td><td>复核部门</td><td>复核意见</td></tr>
<tr><td>1</td><td>物机部</td><td>租赁物交付情况</td><td>据实打√或填写：
1. □是□否：租赁物延期交付；如延期交付，请说明：<u>（计划时间、实际交付时间等，据实填写）</u>。
2. □是□否：租赁物逾期交付影响正常施工，导致停、窝工的情形；如存在，请说明具体情况：<u>（据实填写）</u>。
3. □是□否：存在承租方需向其他方另行租赁，造成承租方损失的情形；如存在，请说明具体情况：<u>（据实填写）</u>。
4. 其他需记录的情况：<u>（据实填写，没有则写无）</u>。</td><td>据实打√：
1. □有□无：合同资料；
2. □有□无：租赁物计划；
3. □有□无：租赁物送货单；
4. □有□无：租赁物检验报告；
5. □有□无：往来函件等资料。</td><td>未按照要求履约的，应说明已采取/拟采取哪些防控措施，例如：
1. 未按照合同约定或承租方指令交付租赁物的，及时送达关于交付租赁物的催告函。
2. 要求出租方出具经其签字、盖章无法交付/逾期交付租赁物的书面资料。
3. 保存租赁物无法交付/逾期交付的沟通资料。
4. 无法交付/逾期交付租赁物严重影响施工时，及时解除合同。
5. 收集损失资料，进行索赔。</td><td>已采取/拟采取防控措施的，应提供：
1. 交付租赁物催告函、邮件、书面沟通记录；
2. 解除合同通知书；
3. 损失证据；
4. 索赔通知书。</td><td>××</td><td>工程部</td><td>应说明：
□是□否：租赁物逾期交付导致停工、窝工或影响工期。
签字：
日期：</td></tr>
</table>

续表

序号	记录部门	写实内容	实际履约情况	实际履约情况证明资料	对存在问题采取的措施	措施证明资料	记录人	复核部门	复核意见
2	物机部	租赁物质量情况	据实打√或填写： 1. □是□否：租赁物存在质量问题；如存在，请说明具体情况：(据实填写)。 2. □是□否：质量问题影响租赁物正常使用，导致停、窝工的情形；如存在上述情况，请说明具体情况：(据实填写)。 3. □是□否：存在安全事故隐患；如存在，请说明具体情况：(据实填写)。 4. 其他需记录的情况：(据实填写，没有则写无)。	据实打√： 1. □有□无：合同资料； 2. □有□无：租赁物验收单； 3. □有□无：不合格租赁物相关资料； 4. □有□无：往来函件等资料。	未按照要求履约的，应说明已采取/拟采取哪些防控措施，例如： 1. 及时验收，制作验收明细单，载明不合格具体情形。 2. 拍摄并保存不合格租赁物照片、视频。 3. 要求出租方在租赁物验收不合格的单证上签字或盖章确认。 4. 租赁物质量情况存在争议时，聘请第三方机构检测，并出具检测报告。 5. 及时送达函件要求更换租赁物。 6. 未能及时更换租赁物严重影响施工时，送达解除合同通知书。 7. 收集损失资料，进行索赔。	已采取/拟采取防控措施的，应提供： 1. 租赁物验收单； 2. 不合格租赁物照片、视频； 3. 第三方机构检测报告； 4. 更换租赁物通知书、邮件、书面沟通记录； 5. 解除合同通知书； 6. 损失证据； 7. 索赔通知书。	××	工程部	应说明： □是□否：质量问题影响租赁物的正常使用，导致停工、窝工。 签字： 日期：
3		租赁物盘点情况	据实打√或填写： 1. □是□否：租赁物的损耗超出合理范围。 2. □是□否：存在较大的赔偿风险；如存在，请说明具体情况：(据实填写)。 3. 其他需记录的情况：(据实填写，没有则写无)。	应提供： 1. □有□无：租赁物清查（自点）记录； 2. □有□无：租赁物缺损清单； 3. □有□无：租赁物缺损赔偿表。	未按照要求履约的，应说明已采取/拟采取哪些防控措施，例如： 1. 定期盘点租赁物数量，制作租赁物盘点清单、租赁物缺损清单。 2. 对于毁损、灭失的租赁物，按照合同约定制作租赁物缺损赔偿表。 3. 及时函告出租方租赁物毁损、灭失情况，双方签认租赁物缺损赔偿表，锁定停止计算租金的时间。	已采取/拟采取防控措施的，应提供： 1. 租赁物缺损清单； 2. 租赁物缺损赔偿表； 3. 租赁物毁损、灭失告知函、邮件、书面沟通记录。	××	工程部	应说明： □是□否：租赁物的损耗超出合理范围。 签字： 日期：

续表

序号	记录部门	写实内容	实际履约情况	实际履约情况证明资料	对存在问题采取的措施	措施证明资料	记录人	复核部门	复核意见
4	物机部	租赁物退租、接收情况	据实打√或填写： 1. □是□否：有额外增加租金。 2. □是□否：存在租赁物毁损灭失风险；如存在，请说明具体情况：(据实填写)。 3. □是□否：存在赔偿风险；如存在，请说明具体情况：(据实填写)。 4. □是□否：存在出租方不配合办理退租或接收租赁物；如存在，请说明具体情况：(据实填写)。 5. 其他需记录的情况：(据实填写，没有则写无)。	据实打√： 1. □有□无：合同资料； 2. □有□无：退还租赁物通知书； 3. □有□无：退货单； 4. □有□无：租赁物缺损清单； 5. □有□无：租赁物缺损赔偿表。	未按照要求履约的，应说明已采取/拟采取哪些防控措施，例如： 1. 存在租赁物毁损、灭失情形的，及时与出租方确认租赁物毁损、灭失情况，协商赔偿方案，签订赔偿协议。 2. 出租方不配合退还/接收租赁物的，及时向出租方送达退还/接收租赁物催告函。 3. 收集延迟接收租赁物给承租方造成的损失证据，包括增加的管理费、影响其他工序、延误项目工期的损失等，向出租方索赔。	已采取/拟采取防控措施的，应提供： 1. 租赁物退还/接收催告函； 2. 租赁物/租赁设备毁损、灭失清单； 3. 租赁物缺损赔偿表、赔偿协议； 4. 相关邮件、书面沟通记录； 5. 延迟接收货物损失证据； 6. 索赔通知书。	××	工程部	应说明： □是□否：存在逾期退租的情况。 签字： 日期：
5		结算情况（包含过程结算、最终结算）	据实打√或填写： 1. □是□否：存在延期办理结算；如存在，请说明具体情况：(据实填写)。 2. □是□否：存在结算金额争议；如存在，请说明具体情况：(据实填写)。 3. □是□否：存在违约金争议；如存在，请说明具体情况：(据实填写)。 4. 其他需记录的情况：(据实填写，没有则写无)。	据实打√： 1. □有□无：合同资料； 2. □有□无：结算单/末次结算单； 3. □有□无：往来函件等资料。	未按照要求履约的，应说明已采取/拟采取哪些防控措施，例如： 1. 保存好结算资料，及时办理结算，确定租金金额。 2. 如出租方不配合办理结算，及时有效送达函件催促出租方办理结算。 3. 如因出租方原因未能办理结算，制作单方结算单，及时有效函告出租方。 4. 收集损失资料，进行索赔。	已采取/拟采取防控措施的，应提供： 1. 结算单/末次结算单； 2. 办理结算的催告函、邮件、书面沟通记录； 3. 结算告知函； 4. 损失证据； 5. 索赔通知书。	××	商法部	应说明： □是□否：结算符合合同约定。 签字： 日期：

续表

序号	记录部门	写实内容	实际履约情况	实际履约情况证明资料	对存在问题采取的措施	措施证明资料	记录人	复核部门	复核意见
6	物机部	付款情况	据实打√或填写： 1. 合同结算额、已支付额、合同约定付款比例、实际付款比例等情况：（据实填写）。 2. □是□否：存在违约金支付风险；如存在，请说明具体情况：（据实填写）。 3. □是□否：存在诉讼风险、中小企业举报、信访风险；如存在，请说明具体情况：（据实填写）。 4. □是□否：存在恶意阻工风险；如存在，请说明具体情况：（据实填写）。 5. 其他需记录的情况：（据实填写，没有则写无）。	据实打√： 1. □有□无：合同资料； 2. □有□无：结算单/末次结算单/结算协议； 3. □有□无：付款凭证； 4. □有□无：逾期付款金额、逾期付款原因等资料； 5. □有□无：免除违约责任确认书； 6. □有□无：往来函件等资料。	未按照要求履约的，应说明已采取/拟采取哪些防控措施，例如： 1. 如承租方存在逾期付款情形，与出租方协商变更付款时间或条件，尽量减轻或免除违约责任。 2. 末次结算中明确约定免除或减轻免除相关违约责任。 3. 收集因非承租方原因导致逾期付款的证据资料。 4. 收集并保存卖方恶意阻工现场照片、录音录像等视听资料，报请公安机关处理，保存处理结果，及时向卖方有效送达停止侵害的函件。 5. 收集损失资料，进行索赔。	已采取/拟采取防控措施的，应提供： 1. 付款凭证； 2. 末次结算确认单； 3. 出租方免除违约责任确认书； 4. 邮件、书面沟通记录； 5. 非承租方责任的证据； 6. 阻工现场照片、录音录像； 7. 停止侵权函件、邮件、沟通记录； 8. 公安机关处理记录； 9. 解除合同通知书； 10. 损失证据； 11. 索赔通知书。	××	商法部	应说明： □是□否：存在诉讼、中小企业举报、信访风险。 签字： 日期：
7		发票开具情况	据实打√或填写： 1. □是□否：按合同约定时间，及时开具发票。 2. □是□否：发票信息正确，不存在无法抵扣的风险。 3. 其他需记录的情况：（据实填写，没有则写无）。	应提供： 1. □有□无：租赁物结算单/末次结算单； 2. □有□无：当期增值税专用发票。	未按照要求履约的，应说明已采取/拟采取哪些防控措施，例如： 1. 及时查验发票真伪，避免发生无法抵扣税款的风险。 2. 及时发送开具发票/开具合格发票/更换发票/重新提交发票通知书等函件。 3. 收集损失资料，进行索赔。	已采取/拟采取防控措施的，应提供： 1. 发票查验明细； 2. 开具发票/开具合格发票/更换发票/重新提交发票通知书等沟通记录； 3. 损失证据； 4. 索赔通知书。	××	区域财务中心	应说明： □是□否：已开票金额是否均已入账。 签字： 日期：

续表

序号	记录部门	写实内容	实际履约情况	实际履约情况证明资料	对存在问题采取的措施	措施证明资料	记录人	复核部门	复核意见
8	物机部	租赁物的权属争议情况（如有）	据实打√或填写： 1. □是□否：存在租赁物权属争议。 2. □是□否：租赁物权属争议影响正常使用，导致停、窝工。 3. □是□否：租赁物存在与第三方产生纠纷的风险；如存在第1－3项风险，请说明具体情况：<u>（据实填写）</u>。 4. 其他需记录的情况：<u>（据实填写，没有则写无）</u>。	据实打√： 1. □有□无：合同资料； 2. □有□无：租赁物权属证明； 3. □有□无：第三方权属争议书面资料； 4. □有□无：登记部门、主管部门查证资料； 5. □有□无：往来函件等资料。	未按照要求履约的，应说明已采取/拟采取哪些防控措施，例如： 1. 及时查证租赁物的权属登记情况，确认租赁物的归属情况。 2. 及时函告出租方租赁物权属存在争议的情形。 3. 权属争议影响租赁物使用时，及时解除合同。 4. 收集损失资料，进行索赔。	已采取/拟采取防控措施的，应提供： 1. 租赁物权属查询资料； 2. 函件、邮件、书面沟通记录； 3. 解除合同通知书； 4. 损失证据； 5. 索赔通知书。	××	工程部	应说明： □是□否：货物存在权属瑕疵而影响现场施工。 签字： 日期：
9		其他需写实事项（如合同相对方其他违约情形）	应说明： 除以上写实内容外，其他需及时记录的合同履约情况。	收集相应的履约证明资料。	未按照要求履约的，应说明已采取/拟采取哪些防控措施：	已采取/拟采取防控措施的，应提供：	××		应说明： 签字： 日期：
物机部负责人意见	签字：　　日期：　　年　月　日								
项目分管领导意见	签字：　　日期：　　年　月　日								

注：1. 实际履约情况及证明资料应完整选择或填写，记录时同步核查实际履约情况证明资料的完整性。
2. 存在履约问题时应填写“对存在问题采取的措施”“措施证明资料”栏，相关内容为示例，据实填写，不局限于示例内容；不存在履约问题时填写无。
3. 涉及复核的事项需复核部门签署意见，记录部门及复核部门对各自记录内容或意见负责。
4. 本表仅用于项目部向公司管理部门报送过程履约情况使用，未经公司书面盖章确认不代表公司最终意见，对外不产生任何法律效力。

租赁合同履约写实记录表（设备租赁适用）

编号		×××××（合同编号）－写实01							
合同名称		××项目××合同（如有补充协议一并列明）							
合同相对方							合同金额		
合同签订时间		年　月　日		写实期间	年　月　日－　年　月　日	记录时间		年　月　日	
序号	记录部门	写实内容	实际履约情况	实际履约情况证明资料	对存在问题采取的措施	措施证明资料	记录人	复核部门	复核意见
1	物机部	租赁设备交付情况	据实打√或填写： 1. □是□否：存在租赁物延期交付；如存在，请说明：（计划时间、实际交付时间等，据实填写）。 2. □是□否：租赁物逾期交付影响正常施工，导致停窝工的情形；如存在上述情况，请说明具体情况：（据实填写）。 3. □是□否：存在租赁方需向其他方另行租赁，造成承租方损失的情形；如存在上述情况，请说明具体情况：（据实填写）。 4. 其他需记录的情况：（据实填写，没有则写无）。	据实打√： 1. □有□无：合同资料； 2. □有□无：租赁设备计划； 3. □有□无：往来函件等资料。	未按照要求履约的，应说明已采取/拟采取哪些防控措施： 1. 未按照合同约定或承租方指令交付租赁设备的，及时送达关于交付租赁设备的催告函。 2. 要求出租方出具经其签字、盖章无法交付/逾期交付租赁设备的书面资料。 3. 保存租赁设备无法交付/逾期交付的沟通资料。 4. 无法交付/逾期交付租赁设备严重影响施工时，及时解除合同。 5. 收集损失资料，进行索赔。	已采取/拟采取防控措施的，应提供： 1. 交付租赁设备催告函、邮件、书面沟通记录； 2. 解除合同通知书； 3. 损失证据； 4. 索赔通知书。	××	工程部	应说明： □是□否：因设备交付延迟影响现场施工。 签字： 日期：
2	物机部	租赁设备资质验收情况	据实打√或填写： 1. □是□否：按约定提供租赁设备资质证照。 2. □是□否：存在资质证照不合格影响租赁设备使用，导致停、窝工的情形；如存在上述情况，请说明具体情况：（据实填写）。 3. □是□否：存在安全事故隐患；如存在，请说明具体情况：（据实填写）。 4. 其他需记录的情况：（据实填写，没有则写无）。	据实打√： 1. □有□无：合同资料； 2. □有□无：设备资质证照资料； 3. □有□无：资质证照查验资料； 4. □有□无：往来函件等资料。	未按照要求履约的，应说明已采取/拟采取哪些防控措施： 1. 不符合合同、行业要求的资质证照，及时送达更换/补充资质证照通知书。 2. 如未能及时补充、更换资质证照严重影响施工的，及时解除合同。 3. 收集损失资料，进行索赔。	已采取/拟采取防控措施的，应提供： 1. 更换/补充通知书、邮件、书面沟通记录； 2. 解除合同通知书； 3. 损失证据； 4. 索赔通知书。	××	安质部	应说明： □是□否：存在安全事故隐患。 签字： 日期：

续表

序号	记录部门	写实内容	实际履约情况	实际履约情况证明资料	对存在问题采取的措施	措施证明资料	记录人	复核部门	复核意见
3	物机部	租赁设备操作人员资格	据实打√或填写： 1. □是□否：按合同要求配备具有资格的操作人员，提供操作人员操作证。 2. □是□否：存在影响租赁设备使用，导致停、窝工的情形；如存在，请说明具体情况：(据实填写)。 3. □是□否：存在安全事故隐患；如存在，请说明具体情况：(据实填写)。 4. 其他需记录的情况：(据实填写，没有则写无)。	据实打√： 1. □有□无：合同资料； 2. □有□无：操作人员操作证资料； 3. □有□无：操作证查验资料； 4. □有□无：往来函件等资料。	未按照要求履约的，应说明已采取/拟采取哪些防控措施： 1. 不符合合同、行业资质要求的操作人员，及时送达更换操作人员通知书。 2. 如未能及时更换操作人员，严重影响正常施工的，及时解除合同。 3. 进场施工前对设备操作人员进行安全教育培训。 4. 收集损失资料，进行索赔。	已采取/拟采取防控措施的，应提供： 1. 更换通知书、邮件、书面沟通记录； 2. 安全教育培训资料； 3. 解除合同通知书； 4. 损失证据； 5. 索赔通知书。	××	安质部	应说明： 1. □是□否：设备操作人员是否符合合同要求； 2. □是□否：存在安全事故隐患。 签字： 日期：
4		租赁设备使用性能情况（包含交付验收时性能状况、使用中性能状况）	据实打√或填写： 1. □是□否：租赁设备主要性能符合合同要求。 2. □是□否：主要性能影响租赁设备正常使用，导致停、窝工的情形；如存在，请说明具体情况：(据实填写)。 3. □是□否：存在安全事故隐患；如存在，请说明具体情况：(据实填写)。 4. 其他需记录的情况：(据实填写，没有则写无)。	据实打√： 1. □有□无：合同资料； 2. □有□无：设备进（退）场确认记录表； 3. □有□无：不合格租赁设备相关资料； 4. □有□无：往来函件等资料。	未按照要求履约的，应说明已采取/拟采取哪些防控措施： 1. 及时验收，制作验收明细单，载明不合格具体情形。 2. 拍摄并保存不合格租赁设备照片、视频，并留存相关资料。 3. 要求出租方在租赁设备验收不合格的单证上签字或盖章确认。 4. 租赁设备质量情况存在争议时，聘请第三方机构检测，并出具检测报告。 5. 及时送达函件要求更换租赁设备。 6. 未能及时更换租赁设备严重影响施工时，送达解除合同通知书。 7. 收集损失资料，进行索赔。	已采取/拟采取防控措施的，应提供： 1. 租赁设备验收单； 2. 不合格租赁设备照片、视频； 3. 第三方机构检测报告； 4. 设备定期检查记录表； 5. 更换租赁设备通知书、邮件、书面沟通记录； 6. 解除合同通知书； 7. 损失证据； 8. 索赔通知书。	××	安质部	应说明： 工程部：□是□否：存在租赁设备的正常使用，导致停工、窝工的情形。 签字： 日期： 安质部：□是□否：存在安全事故隐患。 签字： 日期：

序号	记录部门	写实内容	实际履约情况	实际履约情况证明资料	对存在问题采取的措施	措施证明资料	记录人	复核部门	复核意见
5	物机部	租赁设备安全管理情况	据实打√或填写： 1. □是□否：对设备操作人员进行安全教育培训。 2. □是□否：存在设备操作人员违规违章操作情形；如存在，请说明具体情况：(据实填写)。 3. □是□否：发生安全事故或存在安全事故隐患；如存在，请说明具体情况：(据实填写)。 4. □是□否：存在被相关监管部门行政处罚的风险；如存在，请说明具体情况：(据实填写)。 5. 其他需记录的情况：(据实填写，没有则写无)。	据实打√： 1. □有□无：合同资料； 2. □有□无：安全培训资料； 3. □有□无：设备运转记录； 4. □有□无：违章通知单、处罚通知等； 5. □有□无：甲方、监理方出具的违章违规认定书； 6. □有□无：往来函件等资料。	未按照要求履约的，应说明已采取/拟采取哪些防控措施： 1. 严格查验操作人员操作资质，对于不符合资质要求的，及时送达函件要求更换操作人员。 2. 组织操作规范与安全教育培训。 3. 及时记录现场情况，制作现场情况记录表要求违规人员签认。 4. 对于违规操作行为及时进行处罚。 5. 及时向出租方送达违章违规记录表、扣款通知。 6. 收集损失资料，进行索赔。	已采取/拟采取防控措施的，应提供： 1. 现场记录表、规章违规记录表； 2. 违规违章行为照片、视频； 3. 扣款通知、邮件、书面沟通记录； 4. 安全教育培训资料； 5. 解除合同通知书； 6. 损失证据； 7. 索赔通知书。	××	安质部	应说明： 1. □是□否：发生安全事故或存在安全事故隐患； 2. □是□否：存在被相关监管部门行政处罚的风险。 签字： 日期：
6		租赁设备维修保养情况	据实打√或填写： 1. □是□否：存在影响正常施工，导致停、窝工的情形；如存在，请说明具体情况：(据实填写)。 2. □是□否：发生安全事故风险或存在安全事故隐患；如存在，请说明具体情况：(据实填写)。 3. 其他需记录的情况：(据实填写，没有则写无)。	据实打√： 1. □有□无：合同资料； 2. □有□无：设备故障、损坏资料； 3. □有□无：维修、保养或更换记录； 4. □有□无：维修、保养或更换催告函。	未按照要求履约的，应说明已采取/拟采取哪些防控措施： 1. 及时向出租方送达履行租赁设备保修、维修义务催告函。 2. 如出租方不按约维修，另行聘请第三方维修，保存维修记录及维修费用凭证。 3. 收集损失资料，进行索赔。	已采取/拟采取防控措施的，应提供： 1. 租赁设备维修保养记录； 2. 履行租赁设备保修义务催告函、邮件、书面沟通记录； 3. 第三方维修记录、费用凭证； 4. 损失证据； 5. 索赔通知书。	××	安质部	应说明： □是□否：发生安全事故风险或存在安全事故隐患。 签字： 日期：

续表

序号	记录部门	写实内容	实际履约情况	实际履约情况证明资料	对存在问题采取的措施	措施证明资料	记录人	复核部门	复核意见
7	物机部	租赁设备退租、接收情况	据实打√或填写： 1. □是□否：有额外增加租金。 2. □是□否：存在租赁设备毁损灭失风险；如存在，请说明具体情况：(据实填写)。 3. □是□否：存在赔偿风险；如存在，请说明具体情况：(据实填写)。 4. □是□否：存在出租方不配合办理退租或接收租赁设备的情况；如存在，请说明具体情况：(据实填写)。 5. 其他需记录的情况：(据实填写，没有则写无)。	据实打√： 1. □有□无：合同资料； 2. □有□无：退还/接收租赁设备通知书； 3. □有□无：设备进(退)场确认记录表； 4. □有□无：往来函件等资料。	未按照要求履约的，应说明已采取/拟采取哪些防控措施： 1. 存在租赁设备毁损、灭失情形的，及时与出租方确认租赁设备毁损、灭失情况，协商赔偿方案，签订赔偿协议。 2. 出租方不配合退还/接收租赁设备的，及时向出租方送达退还/接收租赁设备催告函。 3. 收集延迟接收租赁设备给承租方造成的损失证据，包括增加的管理费、影响其他工序、延误项目工期的损失等，向出租方索赔。	已采取/拟采取防控措施的，应提供： 1. 租赁设备退还催告函； 2. 租赁设备毁损、灭失清单； 3. 租赁设备缺损赔偿表、赔偿协议； 4. 相关邮件、书面沟通记录； 5. 延迟接收货物损失证据； 6. 索赔通知书。	××	工程部	应说明： □是□否：存在逾期退租的情况。 签字： 日期：
8		结算情况(包括过程结算、最终结算)	据实打√或填写： 1. □是□否：存在延期办理结算；如存在，请说明具体情况：(据实填写)。 2. □是□否：存在结算金额争议；如存在，请说明具体情况：(据实填写)。 3. □是□否：存在违约金争议；如存在，请说明具体情况：(据实填写)。 4. 其他需记录的情况：(据实填写，没有则写无)。	据实打√： 1. □有□无：合同资料； 2. □有□无：结算单/末次结算单； 3. □有□无：机械设备运转记录； 4. □有□无：往来函件等资料。	未按照要求履约的，应说明已采取/拟采取哪些防控措施： 1. 保存好结算资料，及时办理结算，确定租金金额。 2. 如出租方不配合办理结算，及时有效送达函件催促出租方办理结算。 3. 如因出租方原因未能办理结算，制作单方结算单，及时有效函告出租方。 4. 收集损失资料，进行索赔。	已采取/拟采取防控措施的，应提供： 1. 结算单/末次结算单； 2. 办理结算的催告函、邮件、书面沟通记录； 3. 结算告知函； 4. 损失证据； 5. 索赔通知。	××	商法部	应说明： □是□否：结算符合合同约定。 签字： 日期：

序号	记录部门	写实内容	实际履约情况	实际履约情况证明资料	对存在问题采取的措施	措施证明资料	记录人	复核部门	复核意见
9	物机部	付款情况	据实打√或填写： 1. 合同结算额、已支付额、合同约定付款比例、实际付款比例等情况：<u>（据实填写）</u>。 2. □是□否：存在违约金支付风险；如存在，请说明具体情况：<u>（据实填写）</u>。 3. □是□否：存在诉讼风险、中小企业举报、信访风险；如存在，请说明具体情况：<u>（据实填写）</u>。 4. □是□否：存在恶意阻工风险；如存在，请说明具体情况：<u>（据实填写）</u>。 5. 其他需记录的情况：<u>（据实填写，没有则写无）</u>。	据实打√： 1. □有□无：合同资料； 2. □有□无：结算单/末次结算单/结算协议； 3. □有□无：付款凭证； 4. □有□无：逾期付款金额、逾期付款原因等资料； 5. □有□无：免除违约责任确认书； 6. □有□无：往来函件等资料。	未按照要求履约的，应说明已采取/拟采取哪些防控措施： 1. 如租赁方存在逾期付款情形，与出租方协商变更付款时间或条件，尽量减轻或免除违约责任。 2. 末次结算中明确约定免除或减轻免除相关违约责任。 3. 收集因非承租方原因导致逾期付款的证据资料。 4. 收集并保存卖方恶意阻工现场照片、录音录像等视听资料，报请公安机关处理，保存处理结果，及时向卖方有效送达停止侵害的函件。 5. 收集损失资料，进行索赔。	已采取/拟采取防控措施的，应提供： 1. 付款凭证； 2. 末次结算确认单； 3. 出租方免除违约责任确认书； 4. 邮件、书面沟通记录； 5. 非承租方责任的证据； 6. 阻工现场照片、录音录像； 7. 停止侵权函件、邮件、沟通记录； 8. 公安机关处理记录； 9. 解除合同通知书； 10. 损失证据； 11. 索赔通知书。	××	商法部	应说明： □是□否：存在诉讼、中小企业举报、信访风险。 签字： 日期：
10		发票开具情况	据实打√或填写： 1. □是□否：按合同约定时间，及时开具发票。 2. □是□否：发票信息正确，不存在无法抵扣的风险。 3. 其他需记录的情况：<u>（据实填写，没有则写无）</u>。	据实打√： 1. □有□无：租赁设备结算单/末次结算单； 2. □有□无：当期增值税专用发票。	未按照要求履约的，应说明已采取/拟采取哪些防控措施，例如： 1. 及时查验发票真伪，避免发生无法抵扣税款的风险。 2. 及时发送开具发票/开具合格发票/更换发票/重新提交发票通知书等函件。 3. 收集损失资料，进行索赔。	已采取/拟采取防控措施的，应提供： 1. 发票查验明细； 2. 开具发票/开具合格发票/更换发票/重新提交发票通知书等沟通记录； 3. 损失证据； 4. 索赔通知书。	××	区域财务中心	应说明： □是□否：已开票金额是否均已入账。 签字： 日期：

续表

序号	记录部门	写实内容	实际履约情况	实际履约情况证明资料	对存在问题采取的措施	措施证明资料	记录人	复核部门	复核意见
11	物机部	租赁设备的权属争议情况（如有）	据实打√或填写： 1. □是□否：租赁设备存在权属争议。 2. □是□否：租赁设备权属争议影响正常使用，导致停、窝工的情形。 3. □是□否：存在与第三方产生纠纷的风险；如存在第 1－3 项风险，请说明具体情况：（据实填写）。 4. 其他需记录的情况：（据实填写，没有则写无）。	据实打√： 1. □有□无：合同资料； 2. □有□无：租赁设备权属证明； 3. □有□无：第三方权属争议书面资料； 4. □有□无：登记部门、主管部门查证资料； 5. □有□无：往来函件等资料。	未按照要求履约的，应说明已采取/拟采取哪些防控措施： 1. 及时查证租赁设备的权属登记情况，确认租赁设备的归属情况。 2. 及时函告出租方租赁设备权属存在争议的情形。 3. 权属争议影响租赁设备使用时，及时解除合同。 4. 收集损失资料，进行索赔。	已采取/拟采取防控措施的，应提供： 1. 租赁设备权属查询资料； 2. 函件、邮件、书面沟通记录； 3. 损失证据； 4. 解除合同通知书； 5. 索赔通知书。	××	工程部	应说明： □是□否：货物存在权属瑕疵而影响现场施工。 签字： 日期：
12		其他需写实事项（如合同相对方其他违约情形）	应说明： 除以上写实内容外，其他需及时记录的合同履约情况。	收集相应的履约证明资料。	如有风险，应说明已采取/拟采取哪些防控措施：	已采取/拟采取防控措施的，应提供：	××		应说明： 签字： 日期：
物机部负责人意见		签字： 日期： 年 月 日							
项目分管领导意见		签字： 日期： 年 月 日							

注：1. 实际履约情况及证明资料应完整选择或填写，记录时同步核查实际履约情况证明资料的完整性。
2. 存在履约问题时应填写“对存在问题采取的措施”“措施证明资料”栏，相关内容为示例，据实填写，不局限于示例内容；不存在履约问题时填写无。
3. 涉及复核的事项需复核部门签署意见，记录部门及复核部门对各自记录内容或意见负责。
4. 本表仅用于项目部向公司管理部门报送过程履约情况使用，未经公司书面盖章确认不代表公司最终意见，对外不产生任何法律效力。

六

技术咨询服务合同履约写实记录表

编号		×××××(合同编号)-写实01							
合同名称		××项目××合同(如有补充协议一并列明)							
合同相对方							合同金额		
合同签订时间		年　月　日		写实期间	年　月　日-　年　月　日	记录时间		年　月　日	
序号	记录部门	写实内容	实际履约情况	实际履约情况证明资料	对存在问题采取的措施	措施证明资料	记录人	复核部门	复核意见
1	工程部	技术咨询服务成果交付、验收情况	据实打√或填写: 1. □是□否:服务成果延期交付/无法交付;如存在,请说明:(计划时间、实际交付时间等,据实填写)。 2. □是□否:交付的服务成果不符合标准;如存在,请说明:(不符合标准的具体情况,据实填写)。 3. □是□否:存在服务成果延期交付、无法交付或不符合标准而造成停工或总包方损失的情形;如存在,请说明:(停工理由、停工天数等,据实填写)。 4. 其他需记录的情况:(据实填写,没有则写无)。	据实打√: 1. □有□无:合同资料; 2. □有□无:法定标准依据; 3. □有□无:服务成果资料; 4. □有□无:往来函件等资料。	未按照要求履约的,应说明已采取/拟采取哪些防控措施: 1. 未按照合同约定或总包方指令派出专家、交付服务成果的,及时送达关于尽快履约或重新提供服务的催告函。 2. 要求对方出具延期交付/无法交付服务成果或服务成果不符合标准的确认书,保存相关沟通资料。 3. 服务成果合格性存在争议时,聘请第三方机构检测,并出具检测报告。 4. 对方违约情形已影响合同履行或项目正常施工时,可送达解除合同通知书。 5. 收集损失资料,进行索赔。	已采取/拟采取防控措施的,应提供: 1. 关于交付合格技术咨询服务成果的催告函、邮件、书面沟通记录; 2. 服务成果不合格的照片、视频; 3. 第三方机构检测报告; 4. 解除合同通知书; 5. 损失证据; 6. 索赔通知书。	××	安质部	应说明: □是□否:存在服务成果交付时间、标准不符合合同约定而影响现场施工的情况。 签字: 日期:

续表

序号	记录部门	写实内容	实际履约情况	实际履约情况证明资料	对存在问题采取的措施	措施证明资料	记录人	复核部门	复核意见
2	工程部	咨询服务成果使用情况	据实打√或填写： 1. □是□否：是否存在总包方依据对方服务成果实施，造成总包方损失的情形；如存在，请说明具体情况：(据实填写)。 2. □是□否：存在泄密隐患；如存在，请说明具体情况：(据实填写)。 3. 其他需记录的情况：(据实填写，没有则写无)。	据实打√： 1. □有□无：合同资料； 2. □有□无：技术成果资料； 3. □有□无：对方泄密的证据资料； 4. □有□无：往来函件等资料。	未按照要求履约的，应说明已采取/拟采取哪些防控措施： 1. 如对方服务成果造成总包方产生损失且双方存在争议时，聘请第三方机构检测，并出具检测报告。 2. 及时向对方送达函件要求赔偿损失或要求其重新提供服务。 3. 对方不能重新提供服务的，送达解除合同通知书。 4. 收集损失资料，进行索赔。 5. 如对方存在泄密行为，向对方及时送达函件要求停止侵权行为并赔偿损失。	已采取/拟采取防控措施的，应提供： 1. 第三方机构检测报告； 2. 重新提供技术咨询服务通知书、邮件、书面沟通记录； 3. 解除合同通知书； 4. 损失证据； 5. 索赔通知书。	××	商法部	应说明： □是□否：存在使用对方服务成果造成总包方损失的情形。 签字： 日期：
3		付款情况	据实打√或填写： 1. 合同额、已支付额、合同约定付款比例、实际付款比例等情况：(据实填写)。 2. □是□否：存在违约金支付风险；如存在，请说明具体情况：(据实填写)。 3. □是□否：存在诉讼风险、中小企业举报、信访风险；如存在，请说明具体情况：(据实填写)。 4. 其他需记录的情况：(据实填写，没有则写无)。	据实打√： 1. □有□无：合同资料； 2. □有□无：末次结算单； 3. □有□无：付款凭证； 4. □有□无：逾期付款金额、逾期付款原因等资料； 5. □有□无：免除违约责任确认书； 6. □有□无：往来函件等资料。	未按照要求履约的，应说明已采取/拟采取哪些防控措施： 1. 如总包方存在逾期付款情形，与对方协商变更付款时间或条件，尽量减轻或免除违约责任。 2. 末次结算中明确约定免除或减轻免除相关违约责任。 3. 收集因非总包方原因导致逾期付款的证据资料。 4. 收集损失资料，进行索赔。	已采取/拟采取防控措施的，应提供： 1. 付款凭证； 2. 末次结算确认单； 3. 免除违约责任确认书； 4. 邮件、书面沟通记录； 5. 非总包方责任的证据； 6. 损失证据； 7. 索赔通知书。	××	商法部	应说明： □是□否：存在诉讼、中小企业举报、信访风险。 签字： 日期：

续表

序号	记录部门	写实内容	实际履约情况	实际履约情况证明资料	对存在问题采取的措施	措施证明资料	记录人	复核部门	复核意见
4	工程部	发票开具情况	据实打√或填写： 1. □是□否：按合同约定时间，及时开具发票。 2. □是□否：发票信息正确，不存在无法抵扣的风险。 3. 其他需记录的情况：(据实填写，没有则写无)。	据实打√： 1. □有□无：租赁设备结算单/末次结算单； 2. □有□无：当期增值税专用发票。	未按照要求履约的，应说明已采取/拟采取哪些防控措施，例如： 1. 及时查验发票真伪，避免发生无法抵扣税款的风险。 2. 及时发送开具发票/开具合格发票/更换发票/重新提交发票通知书等函件。 3. 收集损失资料，进行索赔。	已采取/拟采取防控措施的，应提供： 1. 发票查验明细； 2. 开具发票/开具合格发票/更换发票/重新提交发票通知书等沟通记录； 3. 损失证据； 4. 索赔通知书。	××	区域财务中心	应说明： □是□否：已开票金额是否均已入账。 签字： 日期：
5	工程部	咨询服务成果的权属争议情况	据实打√或填写： 1. □是□否：服务成果有权属争议。 2. □是□否：服务成果权属争议影响正常使用，导致停、窝工的情形。 3. □是□否：存在与第三方产生纠纷的风险；如存在第1－3项风险，请说明具体情况：(据实填写)。 4. 其他需记录的情况：(据实填写，没有则写无)。	据实打√： 1. □有□无：合同资料； 2. □有□无：第三方权属争议书面资料； 3. □有□无：登记部门、主管部门查证资料； 4. □有□无：往来函件等资料。	未按照要求履约的，应说明已采取/拟采取哪些防控措施： 1. 及时查证服务成果的权属登记情况，确认服务成果的归属情况。 2. 及时函告对方服务成果权属存在争议的情形。 3. 权属争议影响服务成果使用时，及时解除合同。 4. 收集损失资料，进行索赔。	已采取/拟采取防控措施的，应提供： 1. 服务成果权属查询资料； 2. 函件、邮件、书面沟通记录； 3. 损失证据； 4. 解除合同通知书； 5. 索赔通知书。	××	商法部	应说明： □是□否：服务成果有权属争议。 签字： 日期：
6	工程部	其他需写实事项(如合同相对方其他违约情形)	应说明： 除以上写实内容外，其他需及时记录的合同履约情况。	收集相应的履约证明资料。	如有风险，应说明已采取/拟采取哪些防控措施：	已采取/拟采取防控措施的，应提供：	××	相关部门	应说明： 签字： 日期：
工程部负责人意见	签字：　　　　日期：　　年　月　日								
项目分管领导意见	签字：　　　　日期：　　年　月　日								

注：1. 实际履约情况及证明资料应完整选择或填写，记录时同步核查实际履约情况证明资料的完整性。
2. 存在履约问题时应填写“对存在问题采取的措施”“措施证明资料”栏，相关内容为示例，据实填写，不局限于示例内容；不存在履约问题时填写无。
3. 涉及复核的事项需复核部门签署意见，记录部门及复核部门对各自记录内容或意见负责。
4. 本表仅用于项目部向公司管理部门报送过程履约情况使用，未经公司书面盖章确认不代表公司最终意见，对外不产生任何法律效力。

第三篇　建筑企业典型案例

二

建设工程合同纠纷案例一 巧用分段诉讼，掌握债权主动

(一)案件基本情况

2012年5月18日,乙工程公司与建设单位甲公司签订《建筑工程施工承包协议书》(以下简称协议),协议约定:乙工程公司作为施工总承包方,承担部分工程的垫资施工责任,承建甲公司某商务大厦工程,总建筑面积84,387.2平方米。协议签订后,乙工程公司依约组织垫资施工,项目于2013年9月21日开工建设,2014年11月工程主体已经封顶,2014年12月完成二次结构施工,远超出承诺垫资的金额,项目累计完成产值133,266,934.62元。由于甲公司没有按协议约定支付工程进度款,2015年10月乙工程公司采取了停工措施。

项目停工前,乙工程公司项目部按月进度向监理报送进度产值累计123,459,339.2元,监理公司在收到项目报送的进度产值后没有回复。2016年3月甲公司对98,586,467.29元予以验工计价,遗留34,680,467.33元没有验工计价,遗留问题双方约定结算时按规范及计量规则执行解决。

截至2016年9月20日,甲公司仅支付工程款22,259,176元,欠付

工程款111,007,758.62元及利息,欠付垫资款及垫款资金占用费,及由于甲公司欠付工程款给乙工程公司造成停工损失。

乙工程公司多次与甲公司沟通、催款,但甲公司以各种理由恶意拖欠工程款及相关利息、费用,故乙工程公司将甲公司诉至法院。

(二)案件焦点问题

1. 协议的效力

根据2000年《工程建设项目招标范围和规模标准规定》(已失效),涉案工程属于必须招标的建筑工程。本项目在承揽时,甲公司没有组织招标,乙工程公司与甲公司签订的协议不是通过招投标方式确定的,协议既无法在项目所在地的行政管理部门进行备案,同时项目也不能取得《施工许可证》。虽然协议获得实际履行,但通过诉讼解决即面临协议被人民法院认定为无效,甚至可能被认定为违法施工的风险。

2. 进度款结算不及时、不完整

工程施工过程中,乙工程公司项目部按月向甲公司和监理报送当月产值,但甲公司从未签收和签认过项目的月度产值。项目停工后,甲公司迫于压力就已完工程的部分工程量进行了验工计价,但仍有34,680,467.33元未确认,无法确认全部已完工程造价和过程垫资款利息的计算时间。

3. 工程未完工

项目没有完工,工程施工中虽然有分部、分项验收,但因为没有完工,所以不可能组织整体验收。甲公司有明显不再履行协议的表现,而且没有可靠的资金来源,后期再组织施工的可能性不大,如果诉至法院,将更缺乏继续履行协议的基础。双方的协议书一旦认定为无效,对方以工程质量作为抗辩,会导致乙工程公司处于不利地位。

(三)案件处理过程及结果

1. 确定分段诉讼、固定债权的思路

根据双方尚未明确解除合同的实际情形,乙工程公司确定了分两段实施诉讼的思路,先起诉进度款、有效保全财产,再诉解除协议、实现全部权益,重点在确定第一段诉讼的诉讼请求。

在第一段诉讼中,乙工程公司没有将解除合同作为请求事项,而是将给付进度款、垫资施工的资金占用费和逾期付款的违约金作为核心诉讼请求。原因是工程没有完工和最终结算,提出解除合同意味着必须确定合同涉及的全部合同权益,包括全部工程价款,在双方没有结算结论的情况下:一方面会增加乙工程公司收集证据资料的范围和难度,大大拉长起诉需要的准备时间,很可能在准备期间发生难以预料和控制的情形。另一方面,诉讼中必须进行造价鉴定,最后导致诉讼陷入旷日持久的鉴定当中,增加实现权利的时间,项目经营管理中存在的缺陷和不足也会被放大,以致乙工程公司的权利难以全面实现。以主张进

度款为主要诉讼请求,既能用短时间确定债权,进入执行程序,还能避免项目过程资料不全导致的诉讼被动情形。

同时,乙工程公司及时向法院提出申请,保全甲公司的财产,主要是甲公司的土地使用权及地上物。因为建设工程尚未竣工备案,尚不属于房屋,因此,确定以其国有土地使用权作为保全的标的物,同时以地上附着的建筑物(主要是乙工程公司的施工成果)作为保全对象。

2.有效运用已取得成果,把握证据收集的范围

甲公司对大部分施工完毕的工程已进行工程量和进度价款的签认,没有达到一致的部分也以书面形式进行了列举,明确了乙工程公司的送审金额。在诉讼中,针对法庭关注的垫资款额和甲公司关于工程质量的抗辩,乙工程公司收集了相应的证据资料。在垫资施工的证据方面,收集乙工程公司与分包单位、材料设备供应商的合同及付款凭证;在工程质量方面,固定发生的时间节点,明确了未完工程施工过程中的问题,举证在后续施工中的整改、修复和验收合格记录。

3.推动案件执行和第二阶段诉讼,锁定全部权利

在第一阶段的诉讼中,人民法院以必须招标的工程未经招标为由,判决双方的承包协议无效,支持乙工程公司关于给付进度款(75%)和工程价款优先受偿的主张,认定乙工程公司垫资施工的事实,同意乙工程公司关于工程质量属于履行过程中的问题,驳回了甲公司质量鉴定申请和以质量为由抗辩不支付工程款的主张。

第一阶段诉讼的判决生效后,乙工程公司立即申请执行,并及时启动第二阶段诉讼,要求甲公司给付全部工程款及协议不再履行。因为

第一阶段的诉讼已确定甲公司大部分的付款义务，第二阶段的诉讼重点即是资金占用费、逾期付款利息等。此时，法院对甲公司的保全措施发挥了作用。因为甲公司对其土地及地上物没有处分权，其对土地及地上物无论是转让还是融资都无法进行，如果不及早接受乙工程公司的主张，第二阶段的诉讼必然还会涉及造价鉴定程序，影响其兑现土地和建筑的商业价值。在这种情形下，甲公司选择了与乙工程公司协商解决，与乙工程公司就工程款、资金占用费、逾期利息和赔偿金额及付款时间等方面达成一致，认可双方协议不再履行和乙工程公司的工程款优先受偿权，乙工程公司也不承担工程质量缺陷的保证和保修责任。双方以法院调解的方式，确定了上述事项。

(四)管理启示

1. 合同的效力对公司权益影响巨大

建设工程施工合同是否有效，对总包单位的权益影响巨大。该案项目属于必须招标的项目(按新规定本工程可以不招标，但项目承揽时按国务院规定属于必须招标项目，因此，法院审理时以当时的行政法规为准)，因未进行招投标而签订施工总承包协议，导致协议被认定为无效。合同无效并不免除总包单位就工程质量等方面的责任，违法施工还会引发行政处罚、增加施工成本的风险，并且合同中有关总包单位权益的约定不再适用，如资金占用费、逾期付款违约金等约定都不能发挥作用。一旦建设单位有利可图，就会利用这一点损害总包单位权益。

2. 明确约定合同权利和实现的途径

合同是当事人明确各自权利义务的约定，依法成立的合同，受法律保护。可以说，合同就是当事人之间的“法律”。合同一旦成立，当事人应当按照约定履行自己的义务，不得擅自变更或者解除合同。因此，为有效保护自己的合法权益，必须在合同中明确自身的权利以及实现的途径。

在施工合同中，除合同价款计算方法和标准外，还必须重视工程计量和价款结算的途径。根据住房和城乡建设部、国家市场监督管理总局发布的《建设项目工程总承包合同(示范文本)》中关于施工阶段按期报送工程量、审核确认期限和竣工验收合格后结算资料审核期限及逾期回复视为认可的相关内容，总包单位在签约时绝不能忽视对该条款的约定，在合同的专用条款不要排除适用上述条款，从而保障自身确定合同权利的途径。

3. 项目管理不能忽视合同目的和实现权益的要求

总包单位通过有效组织工程施工实现盈利。合同是明确承发包双方权利义务的载体，在项目经营管理过程中，在履行合同义务的同时，只有不断明确和固定自身权利，才能最终实现合同目的。否则，可能面临履行了合同义务，但合同权利却保障不足甚至不能实现的问题。

总包单位项目部是直接实施施工合同的执行者，现实中或多或少存在只顾埋头干活、忽视合同的问题。在施工管理过程中，必须高度重视工程计量和价款的结算，及时收集、制作、报送完整、准确的工程进度计量、计价资料,这既是履行合同义务,又是保障合同权利的途径。此外,所有证明施工活动依约进行的资料,包括施工组织设计方案、分部分项工程特别是隐蔽工程验收、分包方的选定、工期顺延、索赔等,都是总包单位履行合同义务和固定权利的证明,这些材料都需要取得建设单位的有效签认或签证,才能在维护自身权益上有理有据。

二

建设工程合同纠纷案例二　民企项目需谨慎，紧追不放回全款

（一）案件基本情况

1. 项目基本情况

2018 年 8 月，乙工程公司跟踪建设单位甲教育公司开发的某民办职业学校建设工程项目，该项目主要情况如下。

（1）甲教育公司股东之一为某国有企业，持股 10%，其余股东为民营企业或自然人，甲公司日常经营管理由某自然人股东主持。

（2）项目已取得四个地块土地使用权证，用地面积合计约 26.5 万平方米，土地性质为科教用地，已取得两个地块建设用地规划许可证（建设规模合计约 13 万平方米）。

（3）项目具备《企业投资项目备案通知书》，该通知书显示，该项目总投资 9.5 亿元，其中 4.5 亿元为贷款资金，5 亿元为自筹资金。

（4）拟签订的《施工总承包合同》约定。

①合同暂定总价 3.53 亿元，按《建设工程量清单计价规范》（GB 50500—2013）、某省 2015 年《建设工程工程量清单计价定额》及

其相关配套文件执行,总价下浮8%(其中发包人认质认价部分、安全文明施工费、规费、税金不参与下浮)。

②采用现金担保的形式,担保金额为2000万元,支付时间为双方签字盖章的合同在政府备案完成后10个工作日内;根据双方协商后分期无息退还。

③乙工程公司承诺垫资施工7000万元。在完成垫资额度(此额度为经发包人审核后的产值)后7个工作日内,甲教育公司向乙工程公司支付已审核完成产值的75%;之后承包人于每月25日报送本月进度,次月15日前支付经审核已完工程量的75%;承包人完成单位工程所有工作内容后10个工作日内支付至经审核已完工程量的85%;竣工完成、验收通过、结算办理完成后10个工作日内支付至结算造价的97%,剩余3%作为质保金。

④总包合同通用条款约定:

12.4.4 进度款审核和支付

(1)除专用合同条款另有约定外,监理人应在收到承包人进度付款申请单以及相关资料后7日内完成审查并报送发包人,发包人应在收到后7日内完成审批并签发进度款支付证书。发包人逾期未完成审批且未提出异议的,视为已签发进度款支付证书。

发包人和监理人对承包人的进度付款申请单有异议的,有权要求承包人修正和提供补充资料,承包人应提交修正后的进度付款申请单。监理人应在收到承包人修正后的进度付款申请单及相关资料后7日内完成审查并报送发包人,发包人应在收到监理人报送的进度付款申请单及相关资料后7日内,向承包人签发无异议部分的临时进度款支付证书。存在争议的部分,按照第20条(争议解决)的约定处理。

(2)除专用合同条款另有约定外,发包人应在进度款支付证书或临时进度款支付证书签发后14日内完成支付,发包人逾期支付进度款的,应按照中国人民银行发布的同期同类贷款基准利率支付违约金。

专用条款约定:甲教育公司完成审批并签发进度款支付证书的期限为,在收到承包人进度报表以及相关资料后7日内完成审查。甲教育公司支付进度款的期限为次月15日前。

⑤因乙工程公司原因,造成工程逾期竣工(含发包人要求的节点工期),乙工程公司按10,000元/天向甲教育公司支付逾期违约金,给甲教育公司造成损失的,须赔偿甲教育公司的所有经济损失。

⑥因甲教育公司原因未能按合同约定支付合同价款的违约责任:按照应付未付金额承担同期银行贷款利率的违约责任。

(5)本项目原施工总承包方已停止施工并退场,与甲教育公司未完成结算且存在一定争议。

2. 项目承揽评审情况

该项目具有大额现金保证金、大额垫资施工两大风险点,需严格审核和决策。2018年,乙工程公司营销制度对风险项目的具体表现、决策机制的规定不够完善,主要规定房建项目垫资施工至基础(正负零)完工以外的项目不允许投标。基于风险把控,该项目评审时相关部门均提出了实质性意见:

(1)经营开发部意见

①现金保证金为2000万元。风险较大,建议采用保函等其他形式,降低资金风险。

②工期延误时双方奖惩不对等。延误工期罚款金额10,000元/天,金额较大,建议按照有关规定执行。

③计费、计价形式按照定额总价下浮8%计取。该项目为垫资项目,不应下浮。如按照此执行,应给予补偿资金成本,合同中应明确。

④付款周期。承包人承诺垫资施工7000万元,风险较大,建议取消此条款。

(2)成本管理部意见

①合同第3.7条的规定。履约担保建议采用银行保函形式,或发包人向承包人提供相应支付担保,降低资金风险。

②合同第12.3.6条规定,工程总价下浮8%。在垫资情况下,总价是否下浮及下浮比例应进一步商谈,建议不下浮。

③合同第12.4.1条规定,工程垫资施工7000万元。垫资比例达到20%,垫资额度过高,乙工程公司营销管理办法规定,房建项目垫资施工至基础(正负零)完工以外的项目不允许投标,该项目已突破该规定,应补偿相应的资金垫付利息。

④合同第12.4.1条规定,设计变更、现场签证及材料价格调整引起的费用在结算时支付。建议应随工程进度验工计价,过程中支付价款。

⑤合同第21.10条规定,签证金额在2000元以内的不计取。签证金额约定较高,建议如实计取。

(3)法律合规部意见

①该项目需施工总包方垫资施工产值达7000万元,另外,根据备案通知书,本项目总投9.5亿元,其中4.5亿元为贷款资金,5亿元为自筹资金。据悉,自筹资金主要为建设单位的股东借款投入,建设单位股东主要为自然人(持股60%),某国有企业持有建设单位股权10%。鉴于垫资额度大,后续资金能否持续稳定投入存在风险,建议落实该项目是否有贷款资金,同时,通过财务尽调、获取财务报表等方式进一步了解建设单位的资金是否充实、可靠。

②乙工程公司营销管理办法规定,房建项目垫资施工至基础(正负零)完工以外的项目不允许投标。建议完善该项目经济测算,根据垫资

比例和各项经济指标,完善公司决策流程。

③该项目已有施工总承包方,建议补充提供与原施工总包相关的工程范围、工程进度的资料。建议在原总包合同解除、项目现场能顺利施工不受干扰的前提下,新总包单位参与该项目。

④该项目在洽谈阶段,建议现阶段双方可签订初步合作协议明确合作原则,待完成正式招投标手续后再签订《建设工程施工合同》及提交履约保证金。

⑤垫资资金建议由业主提供担保(有资金实力的个人或法人提供保证或提供资产抵押),同时对垫资资金约定按银行同期贷款利率计算利息。

⑥履约保证金建议按照项目评审时提出的节点,明确返还时间。

⑦建议明确甲方负责解决与本工程原施工总包方之间的争议、协调其退场等,保证项目现场能按期施工,否则乙方不承担工期延误等违约责任。

甲教育公司的国有企业股东从事航空领域业务,是乙工程公司重点开发的市场之一,基于该股东可能带来其他工程项目,乙工程公司最终决定承揽该项目。经谈判,未能按评审意见修改合同,双方于 2018 年 10 月正式签订《施工总承包合同》(以下简称总包合同)。

3. 项目实施情况

因总包合同未约定现金履约保证金返还时间,项目实施过程中,乙工程公司项目部多次向甲教育公司发送《工作联系单》要求退还履约保证金,甲教育公司陆续退还乙公司 1000 余万元履约保证金,剩余保证金直至工程完工仍未退还。

该项目一直在完善建设审批手续,实际具备施工条件的工程达不到3.53亿元。2020年5月,具备施工条件的工程全部施工完毕,剩余工程甲教育公司一直未提供施工图,继续施工可能性小。2020年6月,乙工程公司向甲教育公司发送《工作联系单》,主要内容为乙工程公司于2019年5月28日报送进度产值2659万元,于2019年8月5日报送进度产值3695万元,于2019年11月29日报送进度产值1930万元,截至2019年11月共报送进度产值8284万元。甲教育公司于2019年12月30日只审核了部分进度产值3838万元,请甲教育公司于2020年6月24日前完成剩余部分进度产值审核。按照总包合同约定,乙工程公司产值达到7000万元时即可报送进度付款申请资料等,如甲教育公司逾期不予审批则视为同意付款申请,但乙工程公司未及时按照该合同有利的约定执行,未及时向甲教育公司发函要求付款。

甲教育公司收到《工作联系单》出具了《付款承诺函》,承诺2个月内支付1200万元,其余款项结合自身资金情况另行协商。乙工程公司及时回函表示,甲教育公司可按承诺及时支付1200万元,但不视为乙工程公司同意甲公司延迟支付其他款项。甲教育公司承诺后仍拖延验工计价,零星支付部分工程款,不予结算其余款项。经乙工程公司初步计量,已完未验工程价款约8000万元。鉴于甲教育公司严重违约的情形,乙工程公司正式向甲教育公司提出解除合同进行结算的方案。

4.项目结算情况

因工程尚未结算,如果采取诉讼方式主张工程款可能会进入工程造价鉴定环节,耗费大量的时间精力,鉴定费用较高。乙工程公司用近一年的时间论证、权衡诉讼和协商结算的方案,法律合规部门深度介入。在论证阶段,法律合规部指导项目部多次与甲教育公司沟通,获取了《项目合作协议》、《职业学院章程》、土地证件等资料,收集甲公司和其国有企业股东产生股权纠纷的判决资料。这些资料显示情况如下。

第一,2015 年 9 月,甲教育公司国有企业股东与工程所在地管委会签订《项目合作协议》,约定在当地成立独立的法人性质的项目公司,注册资本不低于 2000 万元,国有企业股东持股不得低于 10%,总投资约 30 亿元,第一期预计于 2018 年 8 月、第二期预计 2020 年前完成投资。甲教育公司即按该《项目合作协议》成立的项目公司,但整体投资进度滞后于协议约定。

第二,甲教育公司成立后成为案涉民办职业学院的举办者,《职业学院章程》显示,学院为公益性事业的普通高等学校,学院开办资金为 100 万元,全部由甲教育公司投入。该章程第 5 条第 2 款规定,甲教育公司有义务将用于办学的土地、校舍和其他资产足额过户到学院名下。学院的经费来源是举办者捐赠、依法收取的学费、政府资助、社会捐赠、其他合法收入。经费必须用于学院办学的业务范围和事业发展,结余全部用于办学,不得挪作他用。

第三,2019 年 11 月,甲教育公司与其持股 10% 国有企业股东发生了甲教育公司否定国有企业股东身份的诉讼案件,合作关系恶化,该国有企业股东预计不会再给予甲教育公司业务支持。

另外,《中华人民共和国民办教育促进法》第 19 条第 2 款规定,非营利性民办学校的举办者不得取得办学收益,学校的办学结余全部用于办学。《中华人民共和国民办教育促进法实施条例》第 6 条规定,举办民办学校的社会组织或者个人应当有良好的信用状况。举办民办学校可以用货币出资,也可以用实物、建设用地使用权、知识产权等可以用货币估价并可以依法转让的非货币财产作价出资;但是,法律、行政法规规定不得作为出资的财产除外。

综上所述,乙工程公司认为:一般非营利性民办学校的举办者(如甲教育公司)会通过为学校提供合法必要的服务收取费用,实现将学校收取的学费转化为举办者（如甲教育公司）的经营收入，因此，举办者（如甲教育公司）的收入和获取时间是相对不确定的，并且甲教育公司尚未兑现各项承诺，履约诚信存疑。因甲教育公司尚未将土地使用权转让到学院名下，必须尽快采取锁定项目土地，避免土地资产被转移。

基于以上情况，乙工程公司领导全力推动工程结算，经过多轮谈判，双方于2021年9月签订《工程结算协议书》。《工程结算协议书》兼顾了甲教育公司资金紧张需分期付款、乙工程公司权益保障两方面需要，主要约定为：

（1）工程结算价、补偿费（含现金保证金利息补偿、垫资利息补偿、项目管理费补偿、生活办公区临时设施补偿、土方转运、抢工补偿等）、应退还履约保证金共计8500余万元；

（2）甲教育公司于2021—2024年每年10月31日前，按约定金额支付一次结算款，分期付清；任一期不按时支付，乙工程公司均有权要求甲教育公司一次性付清剩余应付款项，且甲教育公司不得以任何理由主张不应支付、减少支付结算款；

（3）以履约保证金及不含税工程价款为基数，按银行同期贷款利率上浮10%计算利息。

结算协商阶段，乙工程公司利用甲教育公司资金紧张极力想分期付款的情况，确定了相对有利的结算金额，针对甲公司分期付款的风险在合同条款上设置了相对有效的保障。通过锁定结算价，在很大限度上避免了诉讼过程中的不可控因素，为后期采用诉讼方式节省了时间，争取了应有利益。

结算完成后，甲教育公司未按《工程结算协议书》约定支付第一期工程款，2022年1月，乙工程公司向工程所在地法院提起诉讼，主要诉求为：（1）甲教育公司支付工程结算款、退还履约保证金并支付利息约8500万元，承担诉讼费、保全费；（2）乙工程公司有权在工程款范围内对项目折价或拍卖、变卖后的价款享有优先受偿权。为确保胜诉后有可供执行的财产,乙工程公司申请法院采取诉讼保全措施,经法院裁定查封甲教育公司多宗科教用地。

(二)案件焦点问题

审理过程中,甲教育公司以法院裁定查封财产远超诉讼标的为由提出异议,并主张除《工程结算协议书》约定支付的第一笔款项外其余款项未到期,同时以工程未验收、存在质量问题、工程款涉农民工工资专户及屡次发生农民工讨薪等为由,主张行使先履行抗辩权,经法庭归纳总结,争议焦点为:

1. 法院查封甲教育公司的财产是否远超诉讼标的;
2. 甲教育公司应支付的工程款金额;
3. 甲教育公司主张的先履行抗辩权是否成立。

(三)案件处理过程及结果

针对争议焦点,乙工程公司明确提出意见:

1. 乙工程公司依法申请财产保全并提供有效担保,经法院审查无误后裁定查封甲教育公司财产,且甲教育公司无证据证明法院查封财产远超诉讼标的;

2. 甲教育公司支付第一笔款项的时间已超出《工程结算协议书》约定的支付时间,《工程结算协议书》合法有效且经过公证,按照约定甲教育公司有任一期未足额支付,乙工程公司有权要求甲公司立即一次性支付剩余未付总结算款及利息；

3. 依据《工程结算协议书》约定，甲教育公司支付款项不以工程验收和移交等为前提条件，且乙工程公司对甲教育公司不存在任何债务，不符合法律规定的先履行抗辩权的成立要件。同时，乙工程公司举证证明，项目不符合开具农民工工资专用账户的条件，且农民工讨薪也均是甲教育公司未及时付款等原因导致，乙工程公司在收到工程款后均优先解决农民工工资问题。甲教育公司以先履行义务为由抗辩延迟或拒绝支付款项，于法无据。

在全面应诉的同时，乙工程公司多次组织召开案件专题研讨会，充分研究论证该案存在的诉讼风险，包括但不限于：履约保证金及利息等不享有法定优先受偿权、诉讼程序及诉讼周期不确定、诉讼结果不可控等风险。经研究决定，采取“打谈”相结合方式：一方面，高度重视诉讼程序，并优化代理思路；另一方面，在已冻结甲教育公司财产并占据谈判主动权的情况下，保持与甲教育公司谈判畅通，有效推进案件处理，尽快获得生效法律文书，加快债权回收。

本着最大限度维护公司合法权益的原则，乙工程公司与甲教育公司最终达成了调解，主要约定如下：

1. 甲教育公司分期支付乙工程公司工程款、履约保证金及利息，共约 8800 万元。若甲教育公司任一期未按时足额履行，乙工程公司可就全部未付款申请执行，且甲教育公司须另行支付违约金 100 万元以及利息，届时利息将由固定利息变更为以全部未付款为基数按照约定年利率重新计算，并支付迟延履行期间的债务利息。

2. 乙工程公司在甲教育公司欠付工程款范围内对项目折价或拍卖、变卖后的价款享有优先受偿权。

3. 在甲教育公司付清全款后，乙工程公司将申请解除财产保全措施。

调解书生效后，甲教育公司仍不履行付款义务，故乙工程公司及时向法院申请强制执行，执行中历经了执行异议、复议、申诉、检察监督、执行和解等诸多环节，并给当地政府发函，维权过程相当艰难。

（1）进入执行程序后，执行法院未对案涉土地采取有效的评估、拍卖措施，乙工程公司向执行法院所在地检察院申请检察监督①，请求检察院依法监督执行法院尽快采取拍卖措施。

（2）甲教育公司向执行法院提出执行异议，认为案涉土地是学校实际使用，不应拍卖。执行法院针对执行异议作出裁定，认为拍卖案涉土地将影响学校教育功能及学校正常教学，引发社会问题，裁定不予拍卖案涉土地。该裁定对乙工程公司极其不利。而在现行法律、行政法规中，对于执行教育用地或教育设施并无限制性或禁止性规定。

（3）根据最高人民法院《关于适用〈中华人民共和国民事诉讼法〉执行程序若干问题的解释》第 9 条规定，在甲教育公司并未依法提供充分、有效担保的情况下，执行异议审查和复议期间，不停止执行，故乙工程公司坚持要求继续执行评估拍卖案涉土地，针对执行异议裁定向中级人民法院提出复议申请。中级人民法院依然作出维持裁定，认为不应拍卖案涉土地。

（4）乙工程公司向省高级人民法院提出执行监督申请，要求撤销前述法院不予拍卖案涉土地的裁定，高级人民法院依然裁定驳回乙公司申诉请求。

---

① 《人民检察院民事诉讼监督规则》第 19 条规定：“有下列情形之一的，当事人可以向人民检察院申请监督：（一）已经发生法律效力的民事判决、裁定、调解书符合《中华人民共和国民事诉讼法》第二百零九条第一款规定的；（二）认为民事审判程序中审判人员存在违法行为的；（三）认为民事执行活动存在违法情形的。”第 50 条规定：“人民检察院对审查终结的案件，应当区分情况作出下列决定：（一）提出再审检察建议；（二）提请抗诉或者提请其他监督；（三）提出抗诉；（四）提出检察建议；（五）终结审查；（六）不支持监督申请；（七）复查维持。负责控告申诉检察的部门受理的案件，负责民事检察的部门应当将案件办理结果告知负责控告申诉检察的部门。”

(5)乙工程公司向项目所在地县政府、市政府发函,以维护国有资产安全为由,请政府支持关注乙工程公司合法诉求。

(6)甲教育公司迫于各方压力同意与乙工程公司进行执行和解。

由上可知,在项目评审、结算论证中提到的项目资金来源、土地属于甲教育公司投入归学校使用等不利因素,成为乙工程公司维权回款中的障碍。乙工程公司综合使用诉讼、非诉讼手段,通过锲而不舍的努力,最终迫使甲教育公司与乙工程公司达成执行和解,并成功收回 8410 余万元,有效盘活诉讼债权资产。

(四)管理启示

该项目是民办职业学校工程建设项目,涉及民营企业主履约资信不确定、垫资施工、交纳现金保证金等较大风险。针对这类项目,总包单位务必谨慎评估承揽,履约中做好风险防范、合同履约写实,及时固定履约证据,避免工程款回收困难:

1. 项目资金来源需重视,前景未明慎承揽。民营企业项目并不是承揽禁区,无明确资金来源、无可靠资信实力的民营企业项目才是风险所在。该项目是民办职业学校,没有销售资金、学校举办者投入不高,主要靠学费转化的服务收入支付建设工程款,资金来源存在较大不确定性。在项目承揽阶段,没有深入了解民办学校运营模式,不了解建设单位收入来源,不清楚土地资产未来要过户,不重视科教用地拍卖有一定难度这些情况。对于以上风险点,一定要树牢市场意识、风险意识,充分了解新进入的市场,谨慎评估承揽。

2. 垫资现保风险大,履约风险早防控。该项目中大额现金保证金、大额垫资施工是较大的风险点,项目投标及合同评审过程中,总包单位应当重点评估垫资施工的风险,制定风险防控措施,大额垫资项目须由公司充分论证、谨慎决策。当触发风险防控底线时,务必及时停工、及时减损。该案中,乙工程公司项目部多次发函催退保证金、报送产值,但甲教育公司都是拖延、不积极的处理态度,可以看出甲教育公司的履约能力、履约诚信存在问题。此时,总包单位要切实提高风险防范意识,及时在《总包合同履约写实记录表》的验工计价、付款情况两项写实内容处记录发包人的违约情形,采取写实记录表建议的防控措施,固定发包人违约的证据、总包单位采取防控措施的证据。本书提供了《关于支付进度款的函》《关于支付结算款的函》《关于加快办理结算的函》《关于履行合同义务的催告函(通用)》,都能视发包人的履约情况选择适用;并且这些函件考虑了与发包人的合作关系维护,言辞得当,不会产生不利于商务往来的影响。

3. 诉前保全为首要,优先受偿有保障。在起诉前,乙工程公司通过多方渠道掌握了甲教育公司的财产线索,并申请法院对甲教育公司采取了财产保全措施,有效查封了甲教育公司多宗土地资产,确保后续有可供执行财产。工程款优先受偿权是现行法律赋予总包单位的一项特别重要的权利,2021 年 1 月 1 日施行的最高人民法院《关于审理建设工程施工合同纠纷案件适用法律问题的解释(一)》第 36 条规定,承包人根据民法典第 807 条规定享有的建设工程价款优先受偿权优于抵押权和其他债权。第 41 条规定,承包人应当在合理期限内行使建设工程价款优先受偿权,但最长不得超过 18 个月,自发包人应当给付建设工程价款之日起算。该案中,无论是判决还是调解,乙工程公司始终确保该项法定权利不丧失,及时在行权期间主张工程款优先受偿权,为后续债权收回提供有力保障。

4. 有效送达履约文件。本书中每一类合同的证据资料收集清单表后均标注“有效送达方式”,这是成功固定证据的重点。一方面,每份示范函件都有“以上文件已收到,予以确认”并由签收人签字、明确签收时间这段固定文字,项目部在向收件单位有权接收人送达文件时,一定要请其签字并填写完整。另一方面,许多项目部还在使用纸质台账登记文件收发情况,且台账存放不严谨,存在被篡改内容的风险。如果每份函件都能完整填写签收信息,在妥善管理函件原件的基础上,项目部使用电子台账登记文件收发,既能确保原件安全,又能保证函件收发信息真实准确。

三

劳务分包合同纠纷案例一　合同缺位埋隐患，管理漏洞引纷争

(一)案件基本情况

1. 合同订立和履行情况

2018 年 3 月，何某与施工总承包单位甲工程公司口头约定，按照 400 元/m 的单价分包钻孔灌注桩，单价为包含机械租赁费、人工费的综合单价。何某以乙公司的名义实施劳务分包，以丙公司名义提供机械租赁服务。其后，何某作为乙公司委托的项目负责人和丙公司的法定代表人，边组织施工边办理分包准入和合同评审。直至 2018 年 8 月，乙公司才提供合格的准入资料。同月，甲工程公司又将部分下部结构工程劳务分包给乙公司。

在分包作业实施过程中，出现部分地质条件比预期差的情况，何某与甲工程公司项目经理就特殊桩单价调整协商，但没有形成一致意见，何某以单价过低为由拒绝按原约定单价签订合同。2018 年 9 月，为配合甲工程公司完善合同手续，何某安排其财务人员在桩基劳务分包合同上代其签字并加盖了乙公司印章。2019 年 1 月，在甲工程公司项目

部要求下，何某本人在下部结构合同上签字并加盖乙公司印章。

2. 纠 纷 缘 由

2019 年 1 月起，何某多次停工、阻工，最长时间达 7 日，要求甲工程公司提高分包价格，严重影响项目工期。经过多次协商，甲工程公司与何某于 5 月口头达成一致意见，在全部工程款（包括机械租赁费）960 万元基础上再补偿 190 万元，结算款总额达到 1150 万元。但何某拒绝办理结算手续和开具发票，甲工程公司未按口头约定期限付款。何某多次组织人员围堵甲工程公司项目经理，并制作了 1150 万元劳务费的欠条要求甲工程公司项目经理在欠条上签字。

3. 合同付款及农民工工资代发情况

经统计，甲工程公司累计应付乙公司和丙公司分包款和机械费 960 万元，已经支付 610 万元（分别付给乙公司、丙公司和代付农民工工资），尚欠 350 万元。

根据现场用工统计，2018 年 3 月至 2019 年 4 月劳务动态用工总人数 95 人，甲工程公司按乙公司的书面委托发放农民工工资 60 万元，在派出所的见证下发放 40 万元。

4. 分包队伍恶意投诉并制造舆论

2019 年 6 月，何某指使刘某向当地劳动监察部门投诉，并反复在网上发帖，称刘某代表 152 名农民工讨要工资 1000 多万元，并隐瞒乙公司的劳务分包情节和何某系该公司委托的项目负责人身份，称甲工程公司拒绝与工人签订劳动合同,要求补发双倍工资、补缴社会保险等,要求给付的款项合计近3000万元。

在案件处理过程中,当地劳动监察部门以甲工程公司项目经理所写的欠条为依据,认定甲工程公司存在欠付1150万元工资的情形。同时,基于何某及乙公司均否认劳务分包和何某的受托人身份,认为甲工程公司与何某带领的工人之间系直接劳动用工关系。以上述观点为基础,要求甲工程公司直接向何某、刘某承担给付工资的责任,同时要求工人工资与分包结算、补偿等问题一并协商解决。甲工程公司虽然努力收集并提供证据资料,但迫于维稳压力,仍先向当地政府的农民工工资保障专用账户付款880万元,用于保证农民工工资发放。

此事引起了甲工程公司上级管理单位、当地县、市和省级政府、人力资源和社会保障部门的高度关注,市政府组织了以人力资源和社会保障、住房和城乡建设等部门组成的督查组,到项目所在地调查、督导该事件的处理。

(二)案件焦点问题

1. 甲工程公司与农民工之间是否属于直接劳动用工关系

何某及刘某均否认乙公司与甲工程公司签订合同,称分包合同是因甲工程公司人员为应对检查而签订的,不是乙公司真实意思表示。乙公司也否认签订过分包合同。何某、刘某提供了与甲工程公司项目人员的录音,劳动监察部门又对甲工程公司项目人员进行了询问,认定确有为应付检查要求何某尽快提供盖章的合同文本的情节。据此,劳动监察部门认为与乙公司的分包关系不成立,与农民工之间属于直接劳动用工关系。

2. 何某的行为是否代表乙公司

何某及乙公司均否认何某系乙公司委托的合同代理人和项目负责人。何某以甲工程公司项目人员的说法作为依据,否定合同的真实性。乙公司否认签订合同的行为,只承认曾委托何某进行洽谈,不承认委派何某签订合同、组织施工和在分包合同上用印的行为。

3. 与乙公司签订的合同是否真实有效

何某坚持称在分包合同签字用印是应甲公司的要求,目的是配合项目迎接检查,不是双方真实意思表示,不能作为双方合同依据,对合同印章的真实性避而不谈。

4. 甲工程公司项目经理签署欠条的法律后果

项目经理在何某制作的欠条上签字,但该欠条记载的内容与实际不符。一是款项的性质,甲工程公司主张是分包款、机械租赁费及约定的补偿在内的全部款项,但欠条显示的是劳务费;二是记载金额应为结算款总额还是欠款额,实际协商中确定为结算总额,但欠条所载是欠款额。

5. 刘某是否可以代表其他农民工索要工资

刘某在向劳动监察部门的投诉中称,其代表 152 名农民工讨要工资、主张赔偿,依法应当提供该152人的身份信息及每个人的具体权利主张,同时应当有152人的授权委托。但劳动监察部门接受投诉后,没有审查具体的人员信息及有无委托,即认定刘某有权代表152人主张权利。

6. 当地劳动监察部门的意见有无不当

劳动监察部门作为行政机关,其主要职权范围是维护劳动关系各方的合法权益,对违法劳动用工行为进行查处。在处理该案过程中,除没有严格审查刘某是否有权代表152人投诉并主张权利的资格外,该部门一方面选择性地认定、解释何某和甲工程公司的行为,偏信何某的说法,认定甲公司与工人之间存在直接的劳动用工关系,明显背离事实、有失公正;另一方面,要求甲工程公司将分包、机械租赁、合同补偿等方面一并与何某、刘某协商解决,超出该机关的职权范围。

该部门负责人明显有偏袒何某、刘某的倾向。在甲工程公司对该部门的改正指令申请复议后,该部门虽然主动撤回了指令,但负责人仍然在个人网络空间发表观点,不但坚持原错误指令的观点,还不接受上级部门的处理意见,指名道姓地指责甲工程公司推脱责任。

7. 何某组织实施阻挠现场施工行为的性质

何某为达到目的,除指使刘某投诉、在网络上发帖外,还组织人员控制施工现场的桩基施工机械,致部分桩基施工无法进行。

(三)案件处理过程及结果

为查明该案涉及的事实，明确相关的责任、义务和风险，甲工程公司、项目指挥部组织人员调查、收集证据资料，走访知情人员，与政府相关部门和领导进行沟通、协调，回应相关调查、询问。法律合规部门收集大量资料，对该事件提出以下观点、采取如下措施：

1. 深入收集和分析分包准入资料，锁定何某的身份。针对何某否认其与乙公司关系的说法，除已掌握的合同书、工程计价资料外，重点收集合同签订前的分包准入和合同评审资料。通过梳理，发现乙公司提供的盖有该公司印鉴的各类证照，特别是2018年3月即委托何某代表乙公司签订合同、负责现场管理的委托书，以及乙公司为何某缴纳社会保险的记录。依据以上资料，在市政府督查组听取汇报的会议上，督查组完全认同了何某系代表乙公司签订合同、组织施工的身份，彻底否定了劳动监察部门作出的何某系个人、甲工程公司属于非法用工的认定。

2. 正确剖析合同效力，有效否定劳动监察部门意见。对何某所称签订合同系配合甲工程公司迎接检查的说法，依据事实予以驳斥。根据乙公司提供的材料，可以证明双方在2018年3月即进行了合同实质条件谈判、分包资格审查等活动，签订合同书是后续固定分包合同双方权利义务的具体步骤，并非何某所称的“配合项目迎接检查”，合同条款均系合同谈判中所达成的一致意见。据此，否定了乙公司与甲工程公司无分包合同关系的观点，也推翻了劳动监察部门关于分包合同意思表示不真实、农民工系甲工程公司直接用工的认定。

3. 明确何某行为性质，阻止其继续捏造事实、混淆是非。通过对何某身份和与乙公司分包关系的确认,以施工现场用工情况调查基本确定实际用工人数,以工程计量单证等资料确定工程产值,甲工程公司关于分包款、机械租赁费的付款责任基本得到确定。何某隐瞒身份、混淆法律关系、编造用工和欠付工资状况的手段均被拆穿,其利用政府权力和社会舆论的途径已无法实现。同时,其组织人员阻挠正常施工影响项目进度、编造事实实施讹诈的行为已纳入政府管理视线。

4. 依法向公安机关举报,阻止何某、刘某的违法犯罪行为。何某和刘某隐瞒事实、虚构情节向政府机关投诉和制造舆论,组织人员阻挠项目建设施工等已涉嫌敲诈勒索和破坏生产经营的犯罪。甲工程公司在组织相应证据材料后,正式向当地公安机关进行书面举报,并向政府有关领导进行了汇报。在公安机关的组织下,何某面对追究刑事责任的巨大压力,不得不把阻挠施工的人员和设备撤离。

5. 梳理事实证据,还原付款责任性质和范围。何某扰乱项目正常管理秩序,有意偏离事实制作欠条并迫使甲工程公司项目经理签认,影响了行政机关对事实和法律关系的认定,导致甲工程公司处于十分不利的局面。甲工程公司向劳动监察部门提供了合同书、计价资料、付款记录的情形下,依然被劳动监察部门依欠条字面意思进行解释,超出原定的付款责任。在向上级行政机关申请复议、补充证据获得督查组认可后,终将有关事实还原,欠条所载"劳务费"实为分包、租赁和补偿在内的款项,所载金额也是总付款额而非欠款额。

6. 指明刘某权利瑕疵,防止其借用行政权力实现非法诉求。甲工程公司提出,应核实具体务工人员和工资额,实名发放工资,同时提出刘某需提供其所称 152 人的授权。由于刘某所称 152 人并不属实,更不可能提供具体的人员明细和授权,其投诉存在严重不实,不得不自称无权代表其他务工人员后撤回投诉。

7. 固定证据线索,推动行政机关纠正错误。甲工程公司对劳动监察部门负责人在网络空间发布的内容申请公证机关进行了公证,并将上述有悖公职人员身份的不当言论反映给督查组相关人员。在后续处理中,该负责人不得不在相关问题上有所顾忌,不再坚持用工关系、发放对象和标准方面的错误观点。劳动监察部门也因在应对投诉、认定事实和责任方面存在偏颇,不再作为主办部门办理该案。

(四)管理启示

1. 充分开展尽职调查,有效排除风险和隐患。作为市场主体,总包单位在生产经营过程中选择合作对象和合同相对方,必须首先确保对方主体身份的适格和合同代理人地位的真实有效。根据《中华人民共和国建筑法》第 26 条、第 29 条,最高人民法院《关于审理建设工程施工合同纠纷案件适用法律问题的解释(一)》第 1 条规定,劳务分包人必须具备相应的劳务分包资质,如果分包给不具备资质的单位或者分包给个人,会导致签订的合同无效;《保障农民工工资支付条例》第 36 条第 1 款规定,建设单位或者施工总承包单位将建设工程发包或者分包给个人或者不具备合法经营资格的单位,导致拖欠农民工工资的,由建设单位或者施工总承包单位清偿。该案发生在该条例实施前,当时亦有相关部门规章规定在违法分包的情况下,总包单位须对拖欠的民工工资承担清偿责任。因此,选择有合法分包资质的分包单位才能有效保护施工总承包单位权益。另外,签订分包合同的代理人和组织现场分包管理的人员,必须有分包单位的有效授权和真实的身份关系证明,否则该代理人的行为是否有效具有较大的不确定性,从而影响合同的真实性和有效性,最终导致合同权利义务和风险分配偏离预定的轨道。

2. 重视合同,树牢契约意识。合同及补充协议等是合同当事人实现权利、履行义务和风险分配的重要载体。如果合同未经当事人签字盖章,一旦发生纠纷,当事人必将陷入对合同约定是否达成一致意见的争议中。按照法律规定,应当签订书面合同而未签订的,一方履行主要义务而另一方接受的,合同关系成立。但由于没有双方共同认可的合同条款,则双方事先达成的一致意见均可能被否认,任何一方都没有能力充分证明己方的主张成立,造成责任无法确定、权利无法实现。

3. 现场管理规范性决定成败。合同签订、履行过程中证据资料的制作、收集和保管,是确保实现合同权利、证明义务履行状况、有效控制风险的基础。该案中,如果缺少分包单位出具委托书和证明资料,合同的真实性和效力可能会被彻底否定;如果现场实现了作业人员实名制管理、考勤记录完整、实名制工资监督发放,何某、刘某就不会有借助政府机关和社会舆论实现不当诉求的企图。

4. 风险防范意识不可或缺。在生产经营管理活动中,现场管理人员是防范和控制风险的最前沿。无论是合同谈判、合同订立,还是对合同条款的了解、合同书及合同文件的保管,或者履行过程中确认单据、往来函件、通知或者告知、催告等,各级管理人员都应认真审查,在确认权利、限定义务或者责任、分配合同风险等问题上严格把关,避免偏离既定约定、掉入对方陷阱的情形。

四

劳务分包合同纠纷案例二　民工讨薪被滥用，夯实管理不被动

（一）案件基本情况

2020年7月6日，施工总承包单位甲公司与劳务分包单位乙公司签订某工程项目《建设工程劳务分包合同》，乙公司主要承担砌筑工程、混凝土工程等施工内容，2020年8月30日完工。甲公司项目部在每次为乙公司代付农民工工资前，均要求乙公司出具以下资料：

1.《委托代付农民工工资授权书》。授权书载明，“现委托贵项目部代为支付我单位聘用的农民工×月份工资，代付工资款在贵项目部对我单位的验工计价款中等额扣除。贵项目部只是受托代我单位支付聘用的农民工工资行为，本次委托支付工资的农民工与贵项目部及所属单位之间不存在劳动关系及其他权利义务关系”。

2.《代付农民工工资税务免责内容》。乙公司承诺自行承担代发农民工工资产生的税务风险、税务问题。

3.《劳务人员考勤表》《劳务人员工资代发清单》《协作队伍劳务人员周点名册》。以上文件中，被考勤人员、出勤日期、工资数额均需一一对应，相辅相成。

乙公司法定代表人陈某将其承包的部分钢筋项目纯劳务工程转包给第三人秦某施工，约定工程包工不包料。赵某与秦某系合作关系，2人合伙自带班组进场施工。2021年2月8日，经陈某、赵某、秦某结算，陈某出具《某项目秦某、赵某钢筋班组最终结算》一份，载明赵某、秦某施工的项目尚有余款820,000元未支付。同日赵某、秦某签订分配协议，确定820,000元工程款赵某分得670,000元、秦某分得150,000元。结算后，陈某、乙公司、甲公司分多次支付赵某、秦某款项合计487,200元，其中，秦某已实际得到150,000元，剩余应付赵某款项为332,800元。

案涉项目发包人验工滞后，乙公司为索要工程款，怂恿4个班组和农民工闹事，希望通过这些手段拿到工程款。赵某向甲公司、乙公司多次索要结算款项未果，作为4个闹事班组之一，2021年9月赵某首先向工程所在地人民法院提起诉讼，诉请判令发包人、甲公司、乙公司连带支付其工程款33万余元及利息。其余3个班组密切关注该案审理进展，如果判决结果对班组有利，都将效仿赵某的方式，利用该方式提前拿到工程款。因此，甲公司妥善应对群体纠纷非常重要。

(二)案件焦点问题

1. 甲公司是否应支付赵某工程款？

2. 赵某应收款项是农民工工资还是工程款？

(三)案件处理过程及结果

1.案件一审情况

一审中，甲公司的答辩重点是：第一，原告赵某与乙公司之间存在债权债务纠纷，应向乙公司主张款项，赵某与甲公司并无直接合同关系。第二，甲公司与乙公司已办理末次结算，支付比例为92.9%，仅剩约7%的结算款未付，已远超合同约定的支付比例。综上所述，甲公司对赵某不承担支付责任。

甲公司的答辩给法官造成一些误解，认为甲公司自认欠付乙公司款项，而乙公司又是以劳务为主的公司，自然地将欠付款项认定为农民工工资。一审法官认为，现有证据证明剩余工程款332,800元全部由原告赵某享有，原告赵某作为实际施工人有权提起该案诉讼。从被告甲公司答辩意见可以看出，该公司尚欠被告乙公司工程款没有支付完毕。《保障农民工工资支付条例》第30条第3款、第4款规定，分包单位拖欠农民工工资的，由施工总承包单位先行清偿，再依法进行追偿。工程建设项目转包，拖欠农民工工资的，由施工总承包单位先行清偿，再依法进行追偿。根据上述规定，被告甲公司作为案涉工程的总承包人对于拖欠赵某的劳务费负有先行清偿义务。同时，该条规定赋予了施工总承包单位法定追偿权，故被告甲公司承担责任后可依法向相关责任人进行追偿或从未支付乙公司的工程款中扣除。一审判决甲公司向赵某支付劳务款332,800元及利息，未判决劳务公司承担任何责任。

2. 案件二审情况

甲公司不服一审判决提起上诉，甲公司将案件应对重点调整为“332，800 元属于工程款，并非农民工工资”。

甲公司提交每月代发农民工工资前乙公司提供的《委托代付农民工工资授权书》《代付农民工工资税务免责内容》《劳务人员考勤表》《劳务人员工资代发清单》《协作队伍劳务人员周点名册》等资料（详见案件事实部分）作为证据，其中，赵某也在工资支付明细中，证明甲公司已根据乙公司提供的农民工工资清单足额支付全部农民工工资。因此，该案欠付赵某的款项应属于工程款，不是工资，不应按照《保障农民工工资支付条例》要求施工总承包单位甲公司先行支付。

经过充分的举证，二审法院认为，该案为实际施工人向转包人、总承包人、发包人主张工程款的案件，不属于《保障农民工工资支付条例》第 30 条规定的情形。该案中陈某作为乙公司法定代表人，其行为系职务行为后果应由该公司承担。乙公司违反法律规定将案涉钢筋项目纯劳务工程转包并由秦某、赵某实际施工，赵某作为实际施工人有权请求转包人（乙公司）支付工程价款。陈某与赵某、秦某已经对涉案工程结算完毕，现有证据证明剩余工程款全部是赵某享有，故乙公司应支付赵某工程款。赵某主张利息损失缺乏依据，法院不予支持。

甲公司既非发包人，也与实际施工人不存在合同关系，且现有证据不足以证明其未按照分包合同约定向乙公司支付工程款，赵某请求甲公司支付工程款缺乏依据。发包人仅应在欠付工程款范围内承担责任，现有证据不足以证明发包人欠付工程款，赵某请求甲公司承担责任缺乏依据。最终，二审法院直接改判，判决撤销一审判决，乙公司支付赵某工程款 33 万余元并驳回赵某其他诉讼请求。二审法院改判使班组、分包单位、施工总承包单位之间重新回归彼此契约,为项目推进竣工结算创造了相对稳定的环境。

(四)管理启示

1.把握农民工工资管理两个关键。首先,项目部应充分掌握《保障农民工工资支付条例》等法律法规规定,设立农民工工资专用账户,由施工总承包单位通过专用账户将工资按月足额代发至农民工银行账户,而不是直接付给分包单位由分包单位支付工资,这是避免欠薪的关键。施工总承包单位可以要求分包单位出具本书推荐的《保障农民工工资发放承诺书》、签订本书推荐的《工资委托支付协议》,作为约束分包单位管理农民工工资的合同依据。

其次,农民工工资与工程款分账管理,分开管理、分开支付,从源头上分清这两类款项,出现农民工讨薪纠纷时能快速查出欠付款项的性质。从而避免工程款与农民工工资款混合不清,更避免工程款计算标准不一时,分包单位利用农民工问题"绑架"施工总承包单位。

2.夯实农民工工资日常管理。应做好做实分包单位农民工进出场的实名登记、建立健全农民工管理专用台账,保留劳务人员劳动合同原件,客观、真实记录进场人员、出勤情况,每月工资发放记录与劳动合同、进场、出勤等资料相吻合。农民工收到工资后应亲笔签署工资确认书,证明施工总承包单位已足额支付当月工资,同时载明如果农民工将收到的工资转回分包单位,相关责任由农民工自行承担,不得再向施工总承包单位主张工资。以上工作在《分包合同履约写实记录表》"劳务人员管理"写实内容中有相关要求。写实就是梳理工作、查缺补漏的过程,最终实现事实清楚、证据充分。处理农民工讨薪事件消耗项目管理人员大量精力，主要原因还是过程管理不到位。该案的关键是能够抽丝剥茧查清欠款属性为“工程款”而不是“农民工工资”。

3. 严格使用合同示范文本。劳务分包合同范本提纲挈领地规定了分包单位管理劳务人员的义务，包括从进度款中扣除工资保证金、每月提供发放工资明细、认可施工总承包单位代发工资等，在实际管理中应按照合同约定落实具体工作。不能满足于由分包单位提交劳务人员名单、工资明细等，照单全收，机械发放工资，而不深究这些资料是否真实、客观，是否会被分包单位“钻空子”。避免形式上发了工资，实质上没有控制欠薪风险。

4. 善于收集履约证据。当发生农民工聚众闹事恶意阻工时，施工总承包单位应及时向劳务分包单位发送函件、保留照片，要求劳务分包单位即时处理，可以参考本书《劳务分包方违约证据资料收集清单》第2项“劳务人员恶意阻工”进行证据材料收集，发送本书推荐的《停止恶意阻工通知书》《及时支付农民工工资通知书》。因恶意阻工给施工总承包单位造成损失的，可以适用本书《索赔通知书（通用）》。合同范本规定了恶意阻工的违约责任条款，以上证据能作为后续向分包单位追究责任的有利证据。

5. 有效送达履约文件。本书中每一类合同的证据资料收集清单表后都标注了“有效送达方式”，这是成功固定证据的重点。一方面，每份示范函件都有“以上文件已收到，予以确认”并由签收人签字、明确签收时间这段固定文字，项目部在向收件单位有权接收人送达文件时，一定要请其签字并填写完整。另一方面，许多项目部还在使用纸质台账登记文件收发情况，且台账存放不严谨，存在被人篡改内容的风险。如果每份函件都能完整填写签收信息，在妥善管理函件原件的基础上，使用电子台账登记文件收发，既能确保原件安全，又能保证函件收发信息真实准确。

五

专业分包合同纠纷案例一　审计条款不明确，债务诉讼陷被动

（一）案件基本情况

2011年，甲工程公司将其施工总承包的某汽车检测中心的玻璃幕墙工程分包给乙公司施工，双方签订《建设工程施工专业分包合同》。后依约履行合同，因该项目涉及政府审计，直到2015年仍未办理最终结算。2015年，乙公司将甲工程公司诉至法院，要求甲工程公司支付剩余工程款，并申请法院进行工程造价鉴定。

甲工程公司认可合同的真实性，但认为需要以政府确定的审计机构的结论作为最终结算依据。因政府对该工程项目建设单位的结算审计还没有结束，甲工程公司无法和乙公司确定结算数额，所以不同意给乙公司付款，并且不同意工程造价鉴定。

（二）案件焦点问题

甲工程公司是否应向乙公司支付工程款及工程款数额。

(三)案件处理过程及结果

1. 专业分包合同约定

因甲乙双方对《建设工程施工专业分包合同》中关于合同价款和结算的条款理解不一致,案件处理中甲工程公司梳理出专用合同条款部分约定如下:

30.2　合同价款

本合同采用的合同价款的约定方式为:固定总价合同(以最终审计金额为准,中标人应接受审计单位的复核)。

36. 竣工结算

36.1　工程竣工验收合格后30日内,分包人向承包人递交竣工结算报告,分包人未在规定时间内递交,承包人不承担违约责任。

36.2　承包人应当在收到分包人提交的相关竣工结算报告和完整的竣工结算资料后90日内完成审核,并提出审查意见。

36.3　质量保证金。

质量保证金的额度、支付时间和方式:质量保证金额度为竣工结算总价的5%。双方特别确认,发包人(建设单位)委托的或其内部审计机构,或其相关行政主管单位的审计机构对最终结算价款审计认可,是承包人向分包人支付工程竣工结算价款的前提。缺陷期责任期经过后的15日内,支付剩余保修预留金。

2. 案件结果

法院认为,双方所签订合同约定,乙公司向甲工程公司提交竣工结算报告及完整的结算资料,甲工程公司收到竣工结算报告及结算资料后不超过3个月内进行核实,并给予确认或者提出修改意见。虽然双方在专用条款部分约定,工程量及最终结算总价以审计部门核定的数据为准,或发包人(建设单位)委托的或其内部审计机构,或其相关行政主管单位的审计机构对最终结算价款审计认可,是甲工程公司向乙公司支付工程竣工结算价款的前提,但甲工程公司应在双方约定的确认结算期间内履行审计、审核义务,甲工程公司未及时审计、审核有悖及时履行义务的原则。另外,双方虽然约定以审计、审核结果为结算依据,但对审计、审核单位约定不明。由何单位审计、审核应由甲工程公司委托或指派,但应在约定的不超过90日的期限内完成。甲工程公司没有在合同约定期限内完成工程款确认的义务,且不认可乙公司提出的结算致使工程造价无法确认。因此,对甲工程公司不同意工程造价鉴定的意见不予采纳。最终,法院依据鉴定结论判决甲工程公司承担付款责任。

(四)管理启示

该案中,甲乙双方签订的专业分包合同中约定将建设单位对甲公司的审计结论作为甲公司对乙公司的结算依据,但是合同条款约定不明确导致没有发挥预期的效果。针对建设单位审计确定结算价款的工程项目,施工总承包单位应在管理中重视以下4个方面。

1. 分包合同条款表述要明确，没有歧义，一旦约定不明，如果对该条款进行解释就需要总包单位提供其他证据佐证。因此，分包合同应约定总包单位给分包单位的付款比例按照建设单位给总包单位的付款比例支付。

2. 合同履行过程中，对约定不明或发生客观变化的情况，及时签订补充协议予以修正。

3. 在总包单位存在逾期付款或结算情形时，应收集梳理抗辩证据：

(1)收集分包合同中结算与付款条款资料，收集与分包单位之间的计价资料、结算资料，确定未付进度款、结算款金额；

(2)收集与建设单位之间的结算与付款条款资料，工程计价资料，计算建设单位未付款项金额；

(3)收集未付或及时支付进度款、结算款的原因证据，如建设单位未付总包单位工程款的证据；

(4)利用签订封账协议时机，再次明确约定分包单位不追究总包单位延期付款的责任。

4. 关于把审计结论作为结算依据的约定效力问题。全国人民代表大会常务委员会法制工作委员会《关于对地方性法规中以审计结果作为政府投资建设项目竣工结算依据有关规定提出的审查建议的复函》(法工备函〔2017〕22 号)提出，在收到中国建筑业协会于 2015 年 5 月提交的《关于申请对规定"以审计结果作为建设工程竣工结算依据"的地方性法规进行立法审查的函》后，法工委经过充分调研和征求意见，认为地方性法规中直接以审计结果作为竣工结算依据和应当在招标文件中载明或者在合同中约定以审计结果作为竣工结算依据的规定，限制了民事权利，超越了地方立法权限，应当予以纠正。

目前，一些政府项目招标时仍明确要求把审计作为结算依据，为了响应招标，施工企业仍然与发包人在合同中约定接受该结算方式。如果合同当事人明确约定，把审计结论作为结算依据，则有明确约定的从约定，该类约定依然有效。此时，总包单位应注意：

一是在以审计结论为结算依据的项目中，总包合同中应明确约定审计机构、审计期限、建设单位的最晚支付期限等具体条款。期限届满还未完成审计的，则可以采取补救措施，如诉讼仲裁、申请司法鉴定等。

二是虽然约定了明确的政府审计部门，但是该部门拒绝审计或者明确表示不予审计的，可以直接通过申请司法鉴定的方式确定工程款。

三是如果建设单位不积极主动推进审计工作，总包单位可以催告并要求其限时答复，积极保存履约证据，寻找合理的替代性方案，避免陷入合同履行僵局的困境而扩大自身损失。经充分沟通后，建设单位仍然不配合结算的，总包单位可以结合合同约定，要求以送审价为依据支付工程款，或者申请司法鉴定等。

六

专业分包合同纠纷案例二　证据链条不充分，相应损失难避免

（一）案件基本情况

甲公司为A项目的施工总承包单位，乙公司为A项目的分包单位，甲乙双方于2018年5月5日签订《附着式升降脚手架工程服务专业分包合同》，盖具的印章为甲公司某项目部，乙公司负责1A#、1B#、2#、5A#、5B#脚手架安装、爬升、拆除等工作。合同约定签订地点为福建省泉州市、石狮市（工程所在地），争议解决方式为“在合同签约地申请人民法院仲裁”。

甲乙双方于2018年9月30日签订《附着式升降脚手架工程服务专业分包合同》（以下简称分包合同），盖具的印章为甲公司合同章。该份合同约定的工程范围大于前一份分包合同，约定由乙公司按照甲公司的要求组织劳动力负责A项目1A#、1B#、2#、3#、5A#、5B#、6A#、6B#、7#脚手架的安装、爬升、拆除等工作。合同约定签订地点为北京，争议解决方式为甲公司有管辖权的人民法院进行诉讼。

由于甲公司欠付乙公司工程款、签证等费用，乙公司将甲公司诉至福建省泉州市石狮市人民法院，要求甲公司支付工程款、延期费、签证

费、贴息费等合计约900万元。甲公司梳理以下事实：

1. 2018年9月30日签订的分包合同时间在后，也是甲乙双方实际履行的合同，应以该合同为履约依据。

2. 分包合同约定：附着式脚手架所使用工期为设备进场安装时起算，至甲公司书面通知拆除之日结束，合计8个月，不足8个月按8个月计算，延期计算方式：单栋延期费＝单栋合同价/240×延期天数。

3. 根据甲公司发给乙公司的开工报告单和退场联系函梳理的各楼栋脚手架的进退场时间如下表所示。

序号	楼栋号	通知开工时间	工期截止日 （8个月工期）	通知拆除时间
1	1A#	2018年5月25日	2019年1月25日	2020年1月15日
2	1B#	2018年5月25日	2019年1月25日	2020年1月15日
3	2#	2018年5月25日	2019年1月25日	2020年1月15日
4	3#	2019年4月8日	2019年12月8日	2020年9月2日
5	5A#	2018年6月20日	2019年2月20日	2020年4月20日
6	5B#	2018年6月20日	2019年2月20日	2020年4月20日
7	6A#	2019年5月19日	2020年1月19日	2020年6月28日
8	6B#	2019年5月19日	2020年1月19日	2020年6月28日

各楼栋脚手架施工均存在不同程度的延误，有的楼栋甚至在8个月工期结束后一年多才通知拆除，而导致工期延误的原因双方均有责任，甲公司是由于施工进度缓慢、乙公司则是由于提升滞后或劳动力不足。乙公司施工的脚手架提升滞后及劳动力不足导致工期延误也给甲公司造成了相应损失，甲公司提起反诉，请求乙公司支付甲公司各项损失合计800余万元。法院通知的开庭时间临近，如甲公司提起反诉须紧急做大量准备工作。

(二)案件焦点问题

1. 该案是否应由福建省泉州市石狮市人民法院管辖?
2. 甲公司是否应支付延期费以及延期费应如何计算?
3. 乙公司是否应支付损失费用以及损失应如何计算?

(三)案件处理过程及结果

1. 关于案件管辖法院

2018 年 9 月 30 日签订的分包合同约定甲乙双方之间的争议可向甲公司所在地有管辖权的人民法院起诉,该案涉及反诉,为争取办案时间,甲公司向福建省泉州市石狮市人民法院提出管辖权异议,认为应按照合同约定将该案移送至甲公司所在地即北京市某区人民法院审理。

福建省泉州市石狮市人民法院认为,该案属于建设工程分包合同纠纷,应由工程所在地法院专属管辖。原因是:按照《中华人民共和国民事诉讼法》第 34 条第 1 款第 1 项规定,因不动产纠纷提起的诉讼,由不动产所在地人民法院管辖;最高人民法院《关于适用〈中华人民共和国民事诉讼法〉的解释》第 28 条第 2 款规定,农村土地承包经营合同纠纷、房屋租赁合同纠纷、建设工程施工合同纠纷、政策性房屋买卖合同纠纷,按照不动产纠纷确定管辖。建设工程合同纠纷这一案由中,包括建设工程分包合同纠纷[①]。因此,应由建设工程所在地即福建省泉州市石狮市人民法院管辖,裁定驳回甲公司管辖权异议。甲公司对管辖权异议提起上诉,仍被维持原裁定。虽未成功移送该案,但为案情核查、证据收集等争取到约2个月办案时间[②]。

2. 案件一审相对有利

一审庭审中,甲公司主张不存在延期费,认为按照分包合同约定,工程结算款应分为两部分,即8个月工期内的工程款和8个月工期外的延期工程款。虽然合同约定,工期内的工程款按照实际爬升面积计算,工期外的工程款以延期费的形式进行结算,但实际上8个月后,双方仍按工期内的方式进行结算,双方在实际履行过程中已经变更了合同约定的结算方式,且乙公司对于8个月后按实际面积结算的方式也未提出异议,双方已经事实上变更了原合同约定,即整体工程无论8个月内还是8个月外都是按实际面积结算。而截至2020年4月,双方按实际面积已结算的总价为613万元,甲公司已支付554万元,因此,甲公司主张仅欠工程款59万元,不存在延期费。

同时,甲公司为了支持反诉主张,提供了证明乙公司工期滞后的相关函件、现场施工照片、约谈记录、施工日志等证据,甲公司梳理出《损失计算表》,主张的损失范围包括工期延误产生的建设单位对甲公司的处罚损失、

---

① 《民事案件案由规定》第115项案由建设工程合同纠纷包括:(1)建设工程勘察合同纠纷;(2)建设工程设计合同纠纷;(3)建设工程施工合同纠纷;(4)建设工程价款优先受偿权纠纷;(5)建设工程分包合同纠纷;(6)建设工程监理合同纠纷;(7)装饰装修合同纠纷;(8)铁路修建合同纠纷;(9)农村建房施工合同纠纷。

② 最高人民法院《关于适用〈中华人民共和国民事诉讼法〉的解释》第339条规定:"人民法院审理对裁定的上诉案件,应当在第二审立案之日起三十日内作出终审裁定。有特殊情况需要延长审限的,由本院院长批准。"

工期索赔损失,增加的机械设备使用费、现场管理费,总计金额898万元。

关于延期费的争议问题,一审法院部分采纳了甲公司的意见,认为脚手架施工虽然存在延期的情形,但乙公司仍同意与甲公司结算至2020年4月25日,因此,延期费从2020年4月26日起开始计算,经核算延期费为90万元。关于乙公司是否应支付损失的争议问题,甲公司证据不够完整,能够证明乙公司原因导致工期延误天数的证据不充分,仅判令乙公司支付工期延误增加的机械费4万元。

3. 案件二审不利扭转

一审判决后,甲公司和乙公司均提起上诉,双方仍坚持各自一审时的主张。

关于延期费的争议问题,二审法院认为,乙公司向甲公司报送的计量申报表虽仅按实际爬升面积计算工程量,但双方合同约定具体结算面积按实际为准,合同履行中必然涉及双方对爬升实际面积的确定。计量申报表并非双方的最终结算,仅以计量申报表未涉及延期费为由,认定双方在实际履行合同中变更约定,乙公司已放弃延期费的理由不成立。因此,二审法院以各楼栋工期到期日为起点计算延期费,经核算延期费为821万元。

关于乙公司应支付的损失费用,二审法院认为,因乙公司工期延误增加的机械使用费12万元,甲公司提供的证据虽不足以证明增加的现场管理费,但考虑乙公司工期延误必然给甲公司造成成本费用增加,酌情判令乙公司支付管理费15万元,损失合计27万元。

二审判决后,甲公司针对该案向福建省高级人民法院提出再审申请,认为二审法院认定的延期费用、损失费用缺乏证据证明,申请撤销二审判决,依法进行改判,本书撰稿时暂无再审结果。

(四)管理启示

1. 严格适用合同范本。该分包合同由于签订时间较早,当时尚未形成强制适用的合同范本,结算条款不利于甲公司。如果严格适用合同范本,在一定程度上能从合同条款上降低履约风险。

2. 视合同履行情况及时进行合同变更。涉案项目在合同履行过程中未认真研究合同条款,想当然认为脚手架结算按照实际面积进行结算,忽略延期费条款,也未对该条款及时进行变更,导致须支付大额延期费。各项目应仔细研究合同实质性条款,动态对比履约情况和合同约定,通过《分包合同履约写实记录表》"分包工程进度"写实内容的记录,及时发现履约和合同之间的偏差,及时与合同相对方进行沟通,变更原合同相应条款。

3. 做好合同相对方违约事实的证据收集、锁定工作。虽然脚手架工期延误乙公司需承担较大责任,但在过程中甲公司并未对乙公司的延误天数事实进行有效锁定,案件中认定的乙公司应承担责任的延误天数远远小于其实际延误的天数,从而导致绝大部分延期费须由甲公司承担。在实际管理中,项目部一旦发现相对方有违约行为,应及时向专项部门、法律合规部报告,并按照《分包合同履约写实记录表》中"对存在问题采取的措施"的指引,使用本书推荐的《关于加快工程进度的函》《现场投入人员整改通知书》,按照管理部门的指导有意识地发送函件、收集相关直接证据。须锁定对方延误时间这一事实的,应在函件中特别注明计划完成时间、已延误时间,对方纠正违约行为后还应记载纠正时间,保证延误时间的证据链条充分完整,避免因证据不充分无法达到举证目的,造成损失。

七

买卖合同纠纷案例一　供应履约有瑕疵，固定证据助反诉

（一）案件基本情况

1. 合同基本情况

2018 年 9 月，甲工程公司某项目部和商品混凝土供应商乙公司签订一份《商品混凝土买卖合同》（以下简称 2019－02 合同），合同约定暂定总价为 28, 186, 580 元，合同履行期限为 2019 年 1 月 10 日至 2020 年 8 月 30 日。该合同第 1.2 款约定，此单价在合同履行期间内，根据陕西省渭南市住房和城乡建设局每季度末发布的《陕西省渭南市工程造价信息》中的信息价进行调整，具体调整方式为《陕西省渭南市工程造价信息》中“商品混凝土市场价格”中对应品名、规格单价外加运杂费 30 元/m^3，下浮 38 元/m^3，形成最终单价，即结算单价 = 信息价 + 30 元/m^3 － 38 元/m^3。

甲乙双方于 2020 年 6 月 5 日签订《2019－02 合同补充合同》，其中第 1.1 款约定，本补充合同特别约定商品混凝土的最终结算单价。第 1.2 款约定，此单价在合同履行期间内采用浮动单价，具体调价方式为

若商品混凝土原材单价出现大的波动,经甲乙双方市场调查,形成报告,并双方签认。混凝土最终结算单价依据联合市场调查情况波动超出 ±15%,混凝土结算单价调整 ±5%,形成最终结算单价。即最终结算单价 = 结算单价 ±(结算单价 ×5%)。当期混凝土结算单价如须上调,最高不得超过陕西省渭南市住房和城乡建设局每季度末发布的《陕西省渭南市工程造价信息》中"商品混凝土市场价格"中相对应的品名、标号、单价。第 1.3 款约定,本补充合同签订生效后,原合同(2019－02合同 1)第 1 条产品名称、型号规格、数量、价格等中的第 1.2 款约定的单价调整方式即行失效。已结算的混凝土单价不再作任何调整。

2020 年 6 月 8 日,甲乙双方签订《合同封闭协议书》,约定"合同结算总金额 29,736,124.5 元,剩余应付货款 6,736,124.5 元。经双方核实,所结算的材料数量、单价、总价结算无误,双方无任何异议,不存在其他遗留问题。日后如出现在合同封闭后发生的需要结算单据的资料,做无效处理。剩余应付款不计息"。甲公司项目部于 2021 年 1 月底付清款项。

2020 年 7 月 8 日,甲乙双方又签订一份《商品混凝土买卖合同》(以下简称 2020－04 合同),双方约定暂定总价为 18,704,000 元,合同履行期限为 2020 年 7 月 8 日至 2021 年 12 月 30 日。合同第 1.3 款约定,此单价在合同履行期间内浮动调整,调整方式为供应期内[上月 16日至当月 15 日(含 15 日)]陕西省渭南市住房和城乡建设局每季度末出版的《陕西省渭南市工程造价信息》中规定的"商品混凝土市场价格"公布商品混凝土价格行情中对应品名、规格单价。若商品混凝土原材单价出现大的波动,经甲乙双方联合市场调查,形成报告,并双方签认。混凝土最终结算单价依据联合市场调查情况波动超出 ±15%,混凝土结算单价调整 ±5%,形成最终结算单价。即最终结算单价 = 结算单价 ±(结算单价 ×5%)。当期混凝土结算单价如须上调,最高不得超过陕西省渭南市住房和城乡建设局每季度末发布的《陕西省渭南市工程造价信息》中“商品混凝土市场价格”中相对应的品名、标号、单价。

截至2021年12月31日,甲乙双方确认供货总金额为16,109,920元,已支付7,813,875.5元,尚有8,296,044.5元欠付(其中有549,405元未开票)。因双方对赔偿、开具发票等事项未协商一致,一直未办理合同封账。两份合同均使用合同范本签订,约定逾期付款按照银行同期活期存款利率计算违约金,违约金总额不超过合同结算金额的1%。

2. 供应商违约情况

(1)延迟供货

2020-04合同签订后,甲公司依据项目实际需求向乙公司发送了书面的《采购计划》,乙公司陆续提供了甲公司所需混凝土,但有时未按《采购计划》要求的时间供货。其间,甲公司多次致函乙公司,要求乙公司积极筹划,按时发货,但效果不甚理想。范本合同第10.3款约定,乙公司未按合同约定或未按甲公司确定的供货时间供货,每逾期一日,乙公司按逾期交货金额的1%支付违约金,且甲公司有权向第三方采购或部分采购物资,所增加的费用由乙公司承担;累计逾期时间超过3日的,甲公司有权解除合同,乙公司还应赔偿由此给甲公司造成的一切损失。

(2)质量不达标

2020-04合同履约期间,乙公司所供应的混凝土强度增长缓慢,不能按期达到技术规范要求,导致砼拆模时间延长制约施工进度。问题出现后,甲公司项目部及时与乙公司沟通,向乙公司发送混凝土存在质量问题的函并有效送达。乙公司出具《承诺书》,承诺书载明,“经我公司技术部门多次对该批砼的检验和认定,该批商砼确属强度增长相对比较缓慢，不能按期达到技术规范要求，延缓拆模施工期限。经与贵公司协商，延缓拆模时间，保证混凝土强度增长，由贵方重新购置模板，继续施工，我公司承担模板费用及因延迟拆模发生的停、窝工费用，对后期主体结构施工由于商品砼原因造成的质量问题，我公司郑重承诺：愿意承担一切经济损失和法律责任”。

3. 合同争议

因甲公司欠付货款，乙公司诉至法院，要求：

(1)甲公司向其支付2020－04合同项下欠付的货款8,296,044.5元，2019－02合同调增货款952,089.3元，合计9,248,133.8元。乙公司认为2019－02合同虽已封闭，因甲公司人员当时口头承诺2020年年底前付清剩余货款，乙公司才同意不调增货款，但事实上甲公司2021年1月底才付清货款，因此，甲公司仍需支付材料调增款。

(2)欠付货款应支付违约金，违约金以欠付货款为基数，从2022年2月1日起按2022年中国人民银行同期贷款利率计算至实际清偿之日。

基于乙公司违约情形，甲公司提起反诉，要求：

(1)乙公司赔偿因混凝土质量问题给甲公司造成的各项损失253,985.54元。

(2)因2020－04合同履行期间混凝土价格出现较大波动，应调减材料费用249,364.63元。

(3)乙公司未按合同约定及时供货，应按逾期交货货款金额的1%支付违约金3,491,533元。

（二）案件焦点问题

1.针对本诉

（1）签订封闭协议后，乙公司能否依据甲公司人员口头承诺要求甲公司支付材料调增款？

（2）甲公司逾期付款应按什么标准支付违约金？

2.针对反诉

乙公司是否应承担混凝土质量问题、延迟供货给甲公司造成的损失和违约责任，金额如何确定？

（三）案件处理过程及结果

甲公司延期付款已是事实，寻找对方违约的有效证据发起反诉，才能既维护甲公司权利，又增加谈判筹码。该案中，项目部履约管理相对规范，甲公司法务人员根据过程资料初步评估认为具备发起反诉的条件。

1.认真研究合同条款，收集混凝土质量问题的证据资料

（1）针对乙公司供货质量问题。甲公司法务人员及时与项目部沟

通，取得了甲公司给乙公司出具的工作联系函、乙公司承诺书。从中可以看出，乙公司认可其供应的混凝土确有强度不够的问题，也表示愿意承担给甲公司造成的损失。对于对方当事人提供货物存在问题的情况，可参考本书《卖方违约所涉证据资料收集清单》第3项“货物验收不合格（品种、型号、规格、数量、花色、包装）”、第5项“货物在质保期内出现质量瑕疵”证据材料收集方式进行证据材料的收集，视情况适用本书《（修理、调换、退货）通知书》或《（维修或更换货物）通知书》。

（2）针对甲公司损失和乙公司应承担的违约金如何确定的问题。一方面，为计算混凝土质量不达标给甲公司造成的损失，甲公司项目部做了如各种规格型号的钢管、扣件、步步紧、顶托、竹胶板、木枋等专项的物资采购，有相应的订货单和发票，能够确定损失金额。另一方面，根据2020－04合同第10.3款约定的延期供货违约责任条款，甲公司详细地梳理了采购计划、催货函件、到货时间等资料，确定乙公司延期供货时间为××天，按每批次逾期供货金额计算，违约金为349万余元。

（3）针对混凝土价格波动，甲公司要求调减货款的问题。甲公司于2021年5月29日、6月30日与乙公司进行两次谈判，项目部作了详细的谈判记录。记录显示，乙公司认可混凝土价格出现了较大波动，但因甲公司延迟付款，乙公司不同意调低混凝土单价。甲公司、乙公司人员均在谈判记录上签字确认。据此，甲公司主张乙公司认可2020年4季度以来商砼市场单价下浮较大之事实，应按合同约定调减货款249,364.63元。

以上函件、证据都是甲公司项目部在履约中扎实形成，相对完整、充分地支撑起甲公司反诉请求。

2. 谨慎签约，恰当利用合同结算协议

针对乙公司的诉讼请求，甲公司提出，双方已签订 2019－02 合同封闭协议，约定合同款项已结算完毕，不存在其他违约事项，且明确约定剩余应付款不计息。甲公司将《合同封闭协议》作为证据，以证明甲公司不应当就 2019－02 合同承担材料调增款 952, 089. 3 元，甲公司未支付的货款仅为 2020－04 合同项下 8, 296, 044. 5 元。乙公司虽主张甲公司项目部人员口头承诺如逾期付款将给予材料调差，但没有证据证明。

甲公司项目人员在履约中应注意，不要随意承诺任何经济事项，与合同履约相关的经济事项应经公司批准后方可办理，并达成书面协议。该案中如果乙公司提供录音、微信沟通记录证明项目人员明确承诺过，则基于项目人员的职务代理行为，甲公司可能存在承担该费用的风险。合同结算协议是一把“双刃剑”，一旦签订则限制了对未决事项再行商议的空间，在签订前，务必全面梳理合同履约写实记录，确保再无争议事项方可签订结算协议。

3. 充分利用有利的违约责任条款

针对乙公司突破合同约定，主张更高额违约金的问题。乙公司认为，合同约定按银行同期活期存款利率计算违约金过低，该条款属于甲公司合同格式条款且有失公平，应属无效，应当按照银行同期贷款利率计算违约金。甲公司提出，合同为双方真实意思表示，不存在违反法律法规强制性规定的情形，同时，乙公司亦未举证证明违约金明显低于其遭受的损失，应按照合同约定，按照银行同期活期存款利率计算违

约金。

最高人民法院《关于审理买卖合同纠纷案件适用法律问题的解释》第 18 条规定,买卖合同对付款期限作出的变更,不影响当事人关于逾期付款违约金的约定,但该违约金的起算点应当随之变更。

买卖合同约定逾期付款违约金,买受人以出卖人接受价款时未主张逾期付款违约金为由拒绝支付该违约金的,人民法院不予支持。

买卖合同约定逾期付款违约金,但对账单、还款协议等未涉及逾期付款责任,出卖人根据对账单、还款协议等主张欠款时请求买受人依约支付逾期付款违约金的,人民法院应予支持,但对账单、还款协议等明确载有本金及逾期付款利息数额或者已经变更买卖合同中关于本金、利息等约定内容的除外。

买卖合同没有约定逾期付款违约金或者该违约金的计算方法,出卖人以买受人违约为由主张赔偿逾期付款损失,违约行为发生在 2019 年 8 月 19 日之前的,人民法院可以中国人民银行同期同类人民币贷款基准利率为基础,参照逾期罚息利率标准计算;违约行为发生在 2019 年 8 月 20 日之后的,人民法院可以违约行为发生时中国人民银行授权全国银行间同业拆借中心公布的一年期贷款市场报价利率(LPR)标准为基础,加计 30%—50% 计算逾期付款损失。[特别提示:自 2019 年 8 月 20 日起,中国人民银行已经授权全国银行间同业拆借中心于每月 20 日(遇节假日顺延)9 时 30 分公布贷款市场报价利率(LPR),中国人民银行贷款基准利率这一标准已经取消。]

该解释施行后尚未终审的买卖合同纠纷案件,适用该解释;该解释施行前已经终审,当事人申请再审或者按照审判监督程序决定再审的,不适用该解释。

在诉讼中,对于该问题不同法院有几种处理结果:有支持按照合同约定按同期银行存款利率计算的;有认为过低应按照同期人民银行贷款利率计算的;还有按照同期银行贷款逾期罚息利率标准计算的,不同的标准承担的违约损失差距会比较大。

4. 案件结果

在案件审理过程中,甲公司提供的相关损失索赔资料、提出的高额违约金诉请,取得了良好的效果。乙公司为了减少损失,在开庭结束后主动寻求与甲公司进行调解,同意甲公司提出的质量损失赔偿金额、材料调减金额,适当承担延期供货违约金,从欠付的货款中共计扣减××万元用于弥补以上给甲公司造成的损失;自愿放弃材料调差款和违约金的诉求,对扣减后的未开具的发票进行补开。最终双方调解结案,达到了甲公司的反诉预期。

(四)管理启示

1. 及时行使合同权利,固定供应商违约事实。该案能够最终达到甲公司预期,得益于甲公司项目部能够按照合同约定及时行使索赔、调低价款、延期供货违约金的权利,有效固定了乙公司违约情形的具体情况,为后续权利主张奠定基础。

2. 固定违约事实,善用本书风险防控指引。本书《卖方违约所涉证据资料收集清单》第 3 项"货物验收不合格(品种、型号、规格、数量、花色、包装)"、第 5 项"货物在质保期内出现质量瑕疵",《(修理、调换、退货)通知书》,《(维修或更换货物)通知书》完整地列示了供应商存在质量违约问题时,应如何发送函件、如何进行证据材料收集。本书完整列示了供应商"无法交货""未按期交货"时,应如何发送函件、如何进行证据材料收集，并可适用本书中的《催货通知书》、对确实造成经济损失的可适用《索赔通知书》。另外，本书对保修不到位等其他违约情形，也有相似指导。本书使项目部能较快学会如何发函固定违约事实、如何有效送达函件、如何全面收集证据，这些都是合同履约写实的要点。履约写实越充分，发生纠纷时，反诉筹码则越充足。

3. 保留供货指令、到货记录、货物验收等记录，全程可溯。在买卖合同履行过程中，要通过《买卖合同履约写实记录表》及时记录货物交付、验收，货物安装、调试、操作、维保、故障处理等培训情况，质保、结算、付款情况等，并按表格指导保存好供货指令、到货记录、货物验收、退换货、结算等每个履约环节的资料。该案中，项目部保留有效原始记录的意识比较强，对材料调差的谈判也形成明确记录且甲乙双方人员都签字确认，从而固定了价格确实有较大波动的事实证据。现实工作中，项目部有很多事项要与供应商、分包单位开会协商，但不少项目都出现只有会议记录、没有参会人员签字的情况，影响记录的真实性，不能成为真实有效的证据。因此，甲公司项目部的证据意识、证据固定行为等做法值得其他项目部借鉴。另外，对存在质量问题的，及时提出异议，对需要进行抽样检测的进行抽样检测，检测的结果要书面告知供货商；条件具备的，应要求供货商代表见证抽样过程并形成签认资料。对出现货物延期交付问题的，要及时向对方发送催货函、工作联系函，并确认对方确实收到函件。同时，如因对方供货不及时造成我方经济损失的，要留存相关证据，并根据合同约定条款向对方发送《索赔通知书》进行索赔。

4. 严格使用合同示范文本。合同履行完毕后应及时签订封账协议或末次结算确认单。对于材料商的违约扣款，要在封账协议中明确扣除，如因扣款不能达成一致，则暂时不与其签订封账协议，避免因封账协议的签订豁免了供应商的违约责任,导致在后期诉讼时我方无法向其主张权利。另外,可在封账协议中明确剩余应付款不计息或按照原合同(一般是合同范本)约定的银行活期存款利率计息,避免供应商起诉索要高额利息。

八

买卖合同纠纷案例二　集采需求变化大，解除合同应及时

(一)案件基本情况

1.集采招标情况

2020年2月,甲集团公司某工程指挥部(以下简称甲集团指挥部)组织某工程建设项目精轧螺纹钢集中招标采购,从参与项目建设的甲集团一分公司(以下简称甲集团一公司)、甲集团六分公司(以下简称甲集团六公司)项目分部收集到的集采需求数量分别为600吨、300吨。2020年4月至6月,甲集团指挥部物资站在两个项目分部的参与、见证下,按照需求量上浮10%左右组织完成1050吨精轧螺纹钢的采购审批和招标工作。

2020年5月16日,甲集团公司物资站、各项目分部、指挥部等完成《物资集采招标结果报告会签表》签署,知悉定标结果。2020年6月6日,甲集团指挥部向乙公司发出《中标通知书》,乙公司以654.6万元中标。乙公司依据招标文件要求向甲集团公司缴纳履约保证金130,920元,并于2020年8月5日与买方一甲集团一公司、买方二甲集团六公

司、供应服务方甲集团公司物资站(如无特别说明,以上3个公司统称为“甲公司”)共同签订《螺纹钢买卖合同》(以下简称合同)。

各方就合同主体、结算相关事项约定如下:

(1)甲集团一公司、甲集团六公司每个公司具有同等的合同权利义务。

(2)甲集团物资站权利义务主要为:接受甲集团一公司、甲集团六公司委托代表其进行合同物资的催发料和现场管理,与乙公司沟通,向乙公司发指令、发供货通知书、代理办理结算、代为付款、向甲集团一公司和甲集团六公司收取服务费。

(3)合同暂定总价654.6万元,精轧螺纹钢PSB83Φ25号450吨、PSB83Φ28号200吨、PSB83Φ32号400吨,合计1050吨。以上数量为暂定量,甲公司可根据实际需要进行数量增减,减少数量的,不属于违约。

(4)本合同履行期限自合同签订之日起至工程结束,该期限为暂定期限,甲公司有权根据施工需要单方调整合同履行期限,但应提前10日通知乙公司。

(5)合同第6.9条约定,乙公司向甲集团公司缴纳130,920元作为履约保证金,履约保证金有效期为最后一批物资校验完毕且无违约的情况下,签订封闭合同后一个月内无息返还给乙公司。

(6)付款宽限期满后,仍逾期支付货款(含质量保证金)的,甲公司对逾期付款部分从宽限期满的次日起按中国人民银行同期活期存款利率计算向乙公司支付违约金(利息),计算的基数以甲公司最后一笔付款时剩余欠款金额为准,不包括前期逾期但现已支付部分的货款,违约金最高不得超过本合同项下双方结算价款(不含增值税)的1%,除此之外,甲公司不再承担其他任何违约责任。

2. 合同履行情况

合同签订后，甲集团一公司、甲集团六公司项目分部一直未向乙公司发送供货计划，甲集团物资站称已多次当面或通信提醒各项目分部提报计划。实际上，甲集团一公司、甲集团六公司通过向其他公司采购、从其他项目调拨解决了精轧螺纹钢使用需求，最终，只有甲集团一公司于2021年3月从乙公司采购7.98吨钢材，这是合同项下所有的采购量。根据该批货物的《结算清单》，结算金额为57,944.46元，2021年4月30日甲公司向乙公司支付2万元，尚欠货款37,944.46元。

2020年11月，甲集团六公司在阿里巴巴挂网采购精轧螺纹钢被乙公司知晓并向物资站提出异议。2021年2月4日，乙公司发送《催告函》要求提供需求计划，并提出如果甲公司已从其他供应商处采购而不能履行合同应书面说明。2021年3月4日，乙公司再次发送《业务联系函》，要求提供需求计划，并要求甲公司对从案外人处购买螺纹钢用于涉案项目建设事宜作出合理解释。2021年9月30日（法院认定该时点后履约保证金需计取资金占用费），乙公司向甲公司再次发送《业务联系函》催要供货计划，并阐明不提供供货计划应承担预期收入损失，乙公司多次联系未果。

2021年10月18日、11月5日，甲集团各项目分部向甲集团物资站发送《关于后期不再使用精轧螺纹钢的工作联系函》。随后，甲集团物资站与乙公司沟通进行合同封闭，于2021年11月向乙公司发送合同封账协议，乙公司初步同意办理合同封账。乙公司考虑后提出不同意签订合同封账协议，认为甲公司在合同履行期间在外采购和调拨物资导致合同无法正常履行，给其造成较大损失，甲公司应予以赔偿，甲公司各方均不同意。

3. 案件纠纷情况

乙公司称,合同签订后为履行合同作了大量准备工作,备足货源,但甲公司未按合同约定向乙公司发送供货计划,而向案外人采购合同约定的钢材,给乙方造成经济损失。2021 年 12 月,乙公司将甲公司诉至法院,要求:

(1)解除合同;

(2)被告甲公司退还履约保证金 130,920 元,支付资金占用费(以 130,920 元为基数,自 2020 年 6 月 29 日起至实际清偿之日止按照全国银行间同业拆借中心公布的一年期的贷款市场报价利率的 4 倍计算);

(3)支付货款 37,944.46 元及利息(以 37,944.46 元为基数,自 2021 年 3 月 15 日起至实际清偿之日止按照全国银行间同业拆借中心公布的一年期的贷款市场报价利率的 4 倍计算);

(4)由被告共同向原告赔偿运输费用 111,972 元、仓储费用 673,825 元、银行利息损失 60,316.67 元、可得预期利益损失 1,317,000 元,共计 216 万余元;

(5)该案的案件受理费、保全费等诉讼费用由被告承担。

4. 乙公司为履行合同发生的费用情况

2019 年 12 月 28 日,乙公司与案外人 A 公司签订《精轧螺纹销售协议》,约定乙公司从 A 公司处购买 2020 年度包括案涉合同在内的精轧螺纹钢,收货地址为 B 仓储公司仓库,共收 623.52 吨,支付运费 111,972 元。2020 年 5 月至 9 月,乙公司与 B 仓储公司签订两份《仓储协议》,发生仓储费、吊装费、过磅费等共计 673,825 元,但乙公司未向

B公司直接支付仓储费等，而是与B公司法定代表人存在转账记录。另外，2020年6月乙公司从银行借款300万元，陆续支付利息60,316.67元。

（二）案件焦点问题

1. 乙公司在甲公司未提供供货计划的情况下，自身为准备供货发生的费用、合同可得预期收益损失是否应由甲公司承担，哪些费用能作为损失？

2. 甲公司是否需承担保证金资金占用费？

（三）案件处理过程及结果

一审中，甲集团一公司辩称：合同约定买方有加减货物数量的权利，所以减少采购数量不构成违约；甲集团一公司未收取履约保证金，不具有返还义务；乙公司在买方未发送供货计划的情况下自行购买材料、进行仓储的行为和该案没有关系，其相应的诉讼请求不应支持。甲集团六公司因未向乙公司采购过钢材未出庭应诉。甲集团公司书面答辩称，不认可保证金资金占用费，自己多次要求乙公司办理合同封账并退还履约保证金但乙公司不配合，责任在乙公司。另外，工程建设项目存在不确定性，买方有权依据合同约定减少采购，因此，乙公司主张的可得预期利益损失不予认可。

一审法院审理认为，依法成立的合同，受法律保护。当事人应当按照约定全面履行自己的义务，当事人一方不履行合同义务或者履行合

同义务不符合约定的,应当承担继续履行、采取补救措施或者赔偿损失等违约责任。具体裁判说明如下:

第一,该案中各方买卖意思表示真实,该买卖合同合法、有效,对双方均具有约束力。现因甲集团一公司、甲集团六公司已从他处取得案涉合同项下项目所需钢材,案涉合同目的已无法实现,故应承担违约责任。在此情形下,乙公司请求解除《螺纹钢买卖合同》,符合法律规定。虽合同约定甲集团公司为供应服务方,但甲集团公司是招标人,应属于合同主体之一,并与其余被告作为共同买方。现甲集团一公司、甲集团六公司出现违约行为,应共同承担违约责任。因此,乙公司有权要求各被告共同返还履约保证金和承担违约责任。

第二,对于乙公司主张履约保证金资金占用费,因乙公司于2021年9月30日催要甲公司提供供货计划后其仍未提供,故此日后甲公司继续占用履约保证金无法起到保证合同履行的作用,甲公司应当退还该款,但没有退还使乙公司受到损失。故甲公司应从2021年10月1日起至实际给付之日止支付履约保证金占用费。乙公司要求甲公司支付未付货款37,944.46元,该请求依法予以支持。因甲公司没有按合同约定期限支付货款,应当承担迟延付款的违约金,资金占用费、违约金均按市场报价利率计算(高于合同约定的银行活期存款利率)。

第三,乙公司请求赔偿合同履行后的可得利益损失也即合理利润,乙公司主张可得利益损失按中标金额654.6万元的20%计算。由于市场经济中往往存在着材料价格波动、商业形势变化等风险因素,乙公司无法保证利润率恒定性,乙公司投标时应当包含了预期利润,也考虑了预期仓储、运费,结合乙公司提供的同期采购钢材价格、费用、运费、仓储费等成本因素,酌情确定乙公司预期可得利益损失按合同价款654.6万元的14%计算为916,440元。乙公司主张运输费、仓储费、利息损失提供的证据,不能充分证明这三项费用是履行案涉合同支出的成本,且前述预期可得利益损失已考虑相关成本,故这三项费用不予支持。

第四,各被告主张按照合同约定,买方可根据实际需要增减供货量,不属于违约。增减供货量只能是工程实际需要的量的增减,不应包含原告向其他方采购和调拨,故被告增减数量不违约的主张不符合合同约定,依法不予支持。

甲公司不服一审判决提起上诉,提出乙公司以20%利润率计算可得预期收益明显过高,一般应在2%左右。二审法院认为,乙公司主张的20%利润率并未扣除相关费用,为毛利润,一审酌情按14%计算并无不当。二审法院基本维持一审法院判决,认可一审法院的裁判理由。

(四)管理启示

该案件极大地突破了物设系统业务人员的日常认知,原以为合同买方有权随意减少采购数量,该案却出现减少采购数量后买方承担大额损失赔偿的情况。

《中华人民共和国民法典》第584条规定,当事人一方不履行合同义务或者履行合同义务不符合约定,造成对方损失的,损失赔偿额应当相当于因违约所造成的损失,包括合同履行后可以获得的利益;但是,不得超过违约一方订立合同时预见到或者应当预见到的因违约可能造成的损失。该案涉及的就是这一规定中的"可得利益"损失。可得利益是受害人在合同履行后本可以获得的、但因违约而无法获得的利益,是未来的、期待的利益的损失。可得利益是合同履行后债权人所能获得的纯利润,且必须是将来按照通常情形能够得到的利益,该案中法院也是依照这一思路确定的可得利益损失。

以案为鉴,在物资集采中有必要从以下方面强化履约管理。

1. 完善物资集中采购内部管理机制。该案中买方一、买方二均系甲公司所属分公司,甲公司物资站作为供应服务方,合同主体多,要协调的管理工作则多。招标时,物资站与项目部应加强沟通,以项目需求为依据共同确定物资需求量,以需求为基础开展采购,避免因内部单位沟通不及时,在物资需求量不确定或各方不完全知情的情况下开展集采。合同签订后,物资站和项目分部要充分、及时地沟通物资需求情况和变化,确实不需要使用物资或有其他采购安排的,要共同商定解决方案,统筹做好已签订合同的变更、解除等工作,不能对物资站的工作提醒、安排放任不管,导致管理脱节、隐患滋生。

2. 强化合同履约管理。应加强合同履约监控,发生该案类似情况时,每月通过《买卖合同履约写实记录表》记录货物交付、验收、结算情况和梳理相应的证明资料,就能发现履约偏差。对明确不再履行的合同应及时向合同相对方发函说明情况,依据合同约定协商解除合同、办理合同封闭。此时,可参考使用本书提供的解除、变更合同通知书模板。本书中大部分通知书模板适用于法定解除或约定解除合同的情形,如果出现该案中需提前解除合同且不属于约定解除合同的情形,买方更应及时与合同相对方协商,化解可能存在的违约责任。

3. 重视文件收发管理。该案中,乙公司向甲公司多次发送函件催要供货计划,但物资站、各项目分部均未正式回函说明相关情况,只是内部单位间流转文件、口头沟通工作,更未重视实际采购量严重偏离合同约定数量可能存在的风险,未及时向法律合规部门反映风险情况,导致事前、事中风险防范不到位。项目管理中,对于发函方明确提出沟通需求的函件,务必要妥善回复。一方面,回函是以书面、明确的方式表达己方观点,是重要的履约证据,不能因微信、口头沟通方便就忽视书面文件的必要性；另一方面，按照本书的指引，解除合同的通知书必须以公司为发函主体，项目部没有权利发送此类函件，所以，公司相关业务管理部门在审核函件时能够及时掌握项目解除合同这些重要履约事项，发挥业务把关、风险防控的作用。

九

租赁合同纠纷案例一　材料损坏缺证据，租金损失难避免

(一)案件基本情况

2009年11月,甲工程公司承建某房建工程,因施工需要与乙公司签订《租赁合同》,就租用乙公司租赁物品名、单位、租金、结算期限等事宜进行了约定。合同签订后,乙公司履行了提供租赁物的义务,甲公司在2009年至2014年,陆续支付了部分租金。截至2017年,甲公司未退还租赁物,也未按期支付租金,已构成违约。2017年9月,乙公司起诉甲公司,要求甲公司支付2009年11月起的全部租金。

(二)案件焦点问题

1. 乙公司起诉主张权利时是否超过诉讼时效?

2. 租赁期间和租金应如何确定?

(三)案件处理过程及结果

1. 关于诉讼时效

诉讼时效又被称为消灭时效,是指民事权利受到侵害的权利人在法定的时效期间内不行使权利,当时效期间届满时,其公力救济权归于消灭的一种时效制度。一旦过了诉讼时效,权利人将失去胜诉权利,即胜诉权利归于消灭。在法律规定的诉讼时效期间内,权利人提出请求的,人民法院经审理查明,如权利人有相应的事实证据和法律依据,人民法院会判决权利人胜诉,如义务人不履行法院判决书确定的义务,权利人可向法院申请强制执行。而在法定的诉讼时效期间届满之后,权利人行使请求权的,人民法院就不再予以保护。

诉讼时效届满后,义务人虽可拒绝履行其义务,但仅是权利人行使请求权发生障碍,权利本身及请求权并不消灭。当事人超过诉讼时效后起诉的,人民法院应当受理。受理后,如另一方当事人提出诉讼时效抗辩且查明无中止、中断、延长事由的,判决驳回其诉讼请求。如另一方当事人未提出诉讼时效抗辩,则视为其自动放弃该权利,法院不得依照职权主动适用诉讼时效,应当受理支持其诉讼请求。

该案中,甲乙两公司签订的《租赁合同》约定,租金每 2 个月支付一次,即租金系按期支付。因此,乙公司每期租金的请求权,均有相应的诉讼时效。根据法律规定,诉讼时效为 3 年,而乙公司提供了证据证明其在 2014 年 12 月 22 日曾向甲公司主张权利。因此,根据诉讼时效的规定,付款日期在 2011 年 12 月 22 日之后的租金尚在有效期内,但此前的租金已超过诉讼时效。甲工程公司办案人员以此为由抗辩,法院经审理最终认可了甲工程公司的主张，判决乙公司2011年12月22日之前的租金超过诉讼时效，不予支持，甲工程公司避免了近50万元的损失。

2. 关于租金如何认定的问题

《租赁合同》约定，现场收料单、退料单由承租方甲乙双方指定人员同时签字方可生效。理论上，收料单、退料单应有双方指定人员同时签字方能生效，但是双方在实际履行合同当中，很多单据为单人签字，并且也实际履行，特别是退料单均为单人签字。据此，法院认定双方在实际履行合同的过程中，用行动达成了新的合意，视为双方对原合同的变更。最终，法院将单签、双签的全部单据均予以认定。

3. 租赁期间如何确定

甲工程公司经调查发现，早于2010年，该工程项目因多方原因已停工烂尾，租赁物也未使用，但甲工程公司项目部并未及时进行结算，也未向乙公司提出解除合同，更未退还租赁物。因长年日晒雨淋缺乏养护，大部分租赁物早已无法使用。但因项目部未采取任何有效措施，《租赁合同》仍然有效，租金在持续计算。鉴于此，甲工程公司办案人员首先向法院提出反诉，要求解除《租赁合同》，以此锁定不再持续产生租金，减少损失；其次，向法院主张租赁物因早已报废，无法正常使用，不应支付损毁后的租金。

经审理，法院判决租赁合同解除，解除日期即为判决日期；对于租赁损毁不应计算租金的问题，因甲工程公司无法提供损毁日期、损毁事实等证据，法院未予采信。

(四)管理启示

1. 合理运用诉讼时效

“法律不保护躺在权利上睡觉的人”“权利不用，过期作废”，此处的“过期”即为“超过诉讼时效”。

首先，当事人必须明确主张诉讼时效抗辩。诉讼时效抗辩权是私权利，是否行使属于抗辩权人自由行为的范畴，法院应当尊重当事人的意思自治，法院不能主动适用诉讼时效的规定进行裁判。依据最高人民法院《关于审理民事案件适用诉讼时效制度若干问题的规定》第2条规定，当事人未提出诉讼时效抗辩，人民法院不应对诉讼时效问题进行释明。

其次，当事人必须在一审期间提出诉讼时效抗辩。根据最高人民法院《关于审理民事案件适用诉讼时效制度若干问题的规定》第3条第1款规定，当事人在一审期间未提出诉讼时效抗辩，在二审期间提出的，人民法院不予支持，但其基于新的证据能够证明对方当事人的请求权已过诉讼时效期间的情形除外。

2. 强化合同履行管控

该案发生时，原《中华人民共和国合同法》第36条规定：“……当事人未采用书面形式但一方已经履行主要义务，对方接受的，该合同成立。”第77条规定：“当事人协商一致，可以变更合同。……”根据尊重合同当事人意思自治原则，当合同双方均以行动履行了各自权利义务，虽与合同约定并不相符,但在不违反法律、法规强制性规定的情况下,应认定合同双方实际变更了合同义务。

合同履行过程中,合同专项管理部门应全面收集并分析合同实施的信息,定期诊断合同履行情况,提出有关意见和建议,并采取相应措施,高度重视实际履行变更合同约定的法律风险。

3. 及时终止租赁合同

日常管理中,工程项目发生中途停工退场或其他与该案类似情况时,应及时对租赁合同办理结算、解除合同,并返还租赁物;项目完工的,也要应及时办理结算,返还租赁物,避免租金持续计算扩大损失。

在诉讼中,发现租赁合同未解除的情况时,办案人员必须立刻提起反诉要求解除合同,锁定不再新增租金。

4. 高度重视证据收集

强化证据意识,充分理解“谁主张,谁举证”的举证责任内涵,在施工管理过程中,要及时收集整理重要证据资料。在该案中,甲工程公司主张租赁物早已损毁无法使用,但无法对损毁的事实、具体时间进行充分举证,因此,法院未予采信。此类情况可参考本书提供的租赁合同履约证据收集清单,注重收集以下几类证据:

(1)合同资料。合同或补充协议等关于租赁物质量标准、质量不符合标准或损毁后的责任认定及处理方式等方面的条款资料。

(2)验收单。租赁物质量不合格或不符合合同约定,应在验收单明确写明具体情形,并经出租方或送货人及验收人签字确认。

(3)损毁、灭失的证据资料。及时收集租赁物毁损、灭失的照片、视频资料。必要时应请监理、公证等第三方机构出具证明。租赁物丢失的,应注意保护现场,及时向公安机关报案。

(4)往来函件。保存双方就租赁物验收不合格、不符合约定、损毁灭失、解除合同、退还租赁物等事宜的沟通协商资料,包括但不限于通话录音、短信记录、数据电文、往来函件、通知及其送达凭证等。

十

租赁合同纠纷案例二　材料损坏未停租，项目效益难保障

（一）案件基本情况

甲公司为项目施工总承包单位，乙公司为项目提供方钢、钢管、扣件、顶托等周转材料租赁，甲乙双方于 2019 年 9 月 15 日签订《周转材料租赁合同》，租赁期限为 2019 年 11 月 16 日至 2021 年 2 月 15 日。

合同第 3.1 款约定：实际租赁期限以租赁物实际进场甲方确认的开始使用之日起至甲方书面通知乙方退场之日止计算，双方按照实际租赁期限结算。

合同第 3.4 款约定：双方特别约定，每年季节性停工（如冬季施工、春节等）期限为 0.5 个月，此期间的租金不予计取，甲方不向乙方支付；因不可抗力原因导致的施工现场停工，停工期间的租金不予计取，甲方不向乙方支付，但甲方应及时通知乙方；因其他原因导致施工现场暂时停工，连续超过 7 日，停工期间的租金甲方按照合同约定租金的 1% 计算向乙方支付。

合同第 4.1.3 款约定：每月的 20 日为当月的结算截止日期，根据甲乙双方共同签认的凭证计算当月租金，除此之外任何证明、收条、欠

条、信函等文件,都不得作为结算、支付依据。

合同第4.2款约定:对于因甲方原因在租赁期间丢失、毁损(可修复)的租赁物,双方依据附件3《租赁物缺损赔偿表》在每期结算时予以确认赔偿金额,该部分租赁物自确认赔偿时不再计算租金。

合同第6.2款约定:甲方对租赁物要妥善保管,租赁物资返还时,双方检查验收,如因保管、使用不善造成租赁物资损坏、丢失的,按双方议定的《租赁物资缺损赔偿表》,由甲方向乙方支付赔偿金。因正常使用导致租赁物的自然损耗,甲方不予赔偿。

合同第6.4款约定:乙方同意甲方租赁物按供货总量2%作为合理损耗,甲方退还供货总量98%即视为完全退还;对于合理损耗部分,乙方不得依据第4.2款、第6.2款要求甲方赔偿。

合同第7.1.3款约定:丢失、损坏(无法修复)的周转材料,由甲方负责赔偿,但不再支付丢失、损坏(无法修复)周转材料的租金。丢失、损坏(无法修复)周转材料应在合理时间内通知乙方。

合同履行过程中,甲乙双方按合同约定每月根据进场验收确认的数量进行结算,每年季节性停工的半个月未计算租金,连续停工超过7日的未按合同约定按租金的1%少计算租金,双方未确认过周转材料丢失、损坏情况。2021年3月,甲乙双方拟对租赁合同作最终结算,经盘点发现周转材料有合理损耗、丢失、损坏的情况,双方协商多次均未就赔偿事宜达成一致,协商期间,为避免继续计算租金,甲公司项目部先向乙公司发送了停租通知书。

鉴于甲方欠付租金已8个月且赔偿事宜无法达成一致,2021年5月乙方按合同约定向法院提起诉讼,要求甲方支付欠付的租金约310万元、赔偿丢失损坏的周转材料85,000元,按照合同约定的活期存款利率支付延期付款违约金等。

（二）案件焦点问题

1. 甲公司是否应赔偿周转材料丢失、损坏的费用，赔偿费用应如何计算？

2. 甲公司能否主张对连续停工超过 7 日的租金进行扣减？

（三）案件处理过程及结果

案件审理中，甲公司认为材料丢失、损坏后仍向乙公司支付租金，实质上是一种弥补，不应再计算赔偿，且合同约定周转材料有 2% 合理损耗，该 2% 不应计算赔偿。甲公司租赁期间因环保管理要求发生了一次连续停工超过 7 日的情形，甲公司提供了政府管理部门、业主发送的停工通知作为证据，按合同约定该停工期间为 8 日，材料租金应按照 1% 计算。

乙公司认为，周转材料一直由甲公司使用、维护和管理，甲公司从未提出有材料丢失、损坏的情况，双方也未按合同签署过《租赁物资缺损赔偿表》，甲方无法证明材料丢失、损坏的时间，并且材料丢失、损坏是甲方管理不善导致，甲方应按照缺损的材料数量和市场价格进行赔偿。停工超过 7 日部分的租金不应扣减，因为甲公司未向乙公司通知过停工事宜，并且在过程结算中未扣减该部分租金，视为甲乙双方以实际履行的方式变更了该期间的结算方式，相当于甲公司放弃了扣减租金的权利。

鉴于乙公司的主要诉求为欠付的租金，法院与甲乙双方分别沟通推动调解。法院提出,甲公司无证据证明材料丢失、损坏时间较为被动;乙公司已取得丢失、损坏材料的租金,且按照合同约定扣除合理损耗的材料后损失额比乙公司诉请金额低,如坚持按照诉讼程序解决争议需消耗更多精力。经过法院协调,乙方同意甲方在缩短付款期限的前提下不再主张材料赔偿,但不同意扣减停工 8 天的租金 9 万余元。最终甲乙双方同意不再追究材料赔偿、扣减租金事宜,达成分期付款共识调解结案。

该案涉及的材料丢失、损坏金额相对不大,在法院调解下出租方没有坚持要求赔偿。实务中有些项目材料过程管理不规范,材料丢失、损坏情况严重所涉金额达几十万元、几百万元。此时,若缺乏过程盘点、确认损失赔偿等过程履约证据,公司将非常被动,不仅租赁过程中未减少租金,还将面临大额的材料赔偿,导致效益流失、项目亏损。

(四)管理启示

1. 熟悉合同范本,发挥有利条款作用。甲公司制定的合同范本整体有利于己方,如租赁合同范本约定己方发出停租通知之日停止计取租金,是为了避免出租方不愿配合办理退租导致租金一直计取的情况。租赁合同范本约定,合理损耗不纳入承租方赔偿范围,但不少项目认为行内惯例是不考虑合理损耗,因此,不重视与出租方的谈判,合同条款基本都是填写零损耗。诸如这些保护承租方的条款,项目部应充分熟悉,用合同、用锱铢必较的成本意识去管理项目,减少点滴支出,留住企业效益,得到长远发展。

2. 材料丢失、损坏早确认,及时停租减成本。项目部要做好租赁材料的过程盘点工作,对能扣减租金的事项要重点关注,树牢成本无小事的理念。《租赁合同履约写实记录表(周转材料租赁适用)》“租赁物盘点”写实内容包括租赁物损耗、赔偿风险两个重点,需具备租赁物清查(自点)记录、租赁物缺损清单、租赁物缺损赔偿表等履约资料。通过对租赁物盘点情况的记录,能及时发现是否存在材料丢失、损坏;如存在,应按照“对存在问题采取的措施”一栏的建议,及时与出租方协商赔偿,在过程结算中形成《租赁物资缺损赔偿表》,已确认缺损赔偿的材料后期不再计算租金。本书中的《赔偿协议》《租赁物缺损赔偿表》都可以适用于赔偿事项。该案中,甲公司因无法对丢失、损坏事实、数量、毁损时间进行充分举证,法院很难支持甲公司扣减租金的主张。另外,租赁合同范本约定不计算租金的期间要保留证据,如停工超过 7 日的,要及时向出租方发送项目停工通知、复工通知,告知停工发生时间、原因、复工时间等,以函件记载的时间核算停工期间应扣减的租金。

3. 始终关注租金停止计取时间。该案租赁合同约定的是甲方书面通知之日作为停租日,对甲方相对有利。《租赁合同履约写实记录表》中“租赁物退租、接收”写实内容包括是否存在额外增加租金、出租方不配合办理退租或接收租赁物等情况;如存在,总包方项目部应按照“对存在问题采取的措施”一栏的建议,参考使用本书中的《租赁物/租赁设备返还通知书》向出租方通知终止租赁。有一部分租赁合同约定的是材料退场之日作为停租日,如果承租方、出租方有其他争议未协商一致,出租方可能不同意办理材料退场,此时总包方项目部也要据实记录合同履行情况,及时发送《租赁物/租赁设备返还通知书》,固定好总包方项目部要求停租的时间。如果发生诉讼案件,办案人员要依法提起反诉要求解除租赁合同,这些都有助于阻断后续租金发生。